A Married Couple's Guide to Happiness

増補改訂

夫と妻のしあわせづくり

水野　健

Mizuno Ken

いのちのことば社

表紙・本文イラスト＝ひぐちけえこ

はじめに

わかりやすく、まずこの一冊から

結婚を準備している方々のため、『結婚を考えている二人のために』という本を書きました。特に、結婚する人のための本が少ないので、良き結婚の準備と結婚したばかりの夫婦に学んでほしいという願いをもって書きました。その後、結婚についての講演を頼まれることがありましたが、印象として若い夫婦は学びに熱心です。そして、深刻な問題をかかえている方々も同様です。しかし、ある年齢になると、もうあきらめているのか関心が薄くなっているように感じます。いまさらという感じでしょうか。でも、幸いな夫婦関係を望んでいるのは確かです。そこで、そうした方々のために、読みやすい結婚の本をと思い、書いてみました。

ちょっとの変化で大きな効果を

「ハイリスク、ハイリターン」証券会社の宣伝です。そこにお金を投資すれば、危険性がありますが、たくさんの利益が戻ってきますよ、という意味です。結婚生活ではハイリスクはありません。ちょっとの工夫、小さな変化で大きなリターン、効果が望めます。神さまは私たちに結婚を賜物として与えてくださいました。結婚によって私たちはしあわせを得ることができます。聖書にはその設計図が記されています。あとは私たちがそれに従うだけです。でも、具体的にどうしたらよいのでしょうか。ちょっとした工夫、小さな努力をしてみることです。思わぬ変化を経験するでしょう。その秘訣をお分かちします。

夫婦の祈りが目標です

私たちのベッドルームには、結婚に関する二つの特別なものが飾ってあります。一つは、シアトルの郊外のお店で買った額です。(もう一つは最後にご紹介します。)そこには、夫婦の祈りがきれいなカリグラフィーと呼ばれる手書きで書かれています。残念ながらサインは入っていません。その祈りはきれいなハートで囲んであります。

夫婦の祈り

主よ、私のパートナーを感謝いたします。

私たちのお互いに対する愛が、
私たちに与えられた人生の目的を成就するために助けとなりますように。
私たちが、お互いの違いを尊敬しあい、
お互いに似ているところを見つけた時には喜び、
お互いの限界を受け入れ合い、
お互いの賜物を発見できるように導いてください。
私たちをあなたの永遠の愛で導いてください。

多くの場合、お互いの違いが結婚生活を困難に感じさせます。似ているところといえば欠点であり、そのところは自分を見るようで避けてしまいます。パートナーの限界を受け入れたくなくて、高い要求をしてしまいます。パートナーにはすばらしい才能、能力、賜物が隠されています。しかし、それが発見されないままに、開拓されないままになっています。そこで、パートナーを尊敬できなくなり、パートナーが与えられていることを感謝できなくなってしまいます。

小さな努力で、夫婦は必ず変わります。この本は、使ってくださった方々が、この夫婦の祈りができるようになることを目標にしています。

実行することが大切

この本の各章に「考えてみましょう」という質問があります。まず、考えてみることが大切です。そして、示されたことがあれば、小さなことから実行してみてください。必ず効果があるはずです。

増補改訂版　序文

初版を出してから十年が経ちました。この十年間で社会が便利になり、いつでも、どこでも携帯電話やインターネットで人と繋がることができる時代です。しかし、社会の最も基本である家庭、夫婦、親子の関係は良くなっているでしょうか。ますます社会の波に影響され、複雑で難しくなってきているように感じます。

ゲーテのことばです。

「王様であろうと、農民であろうと、自分の家庭で平和を見いだす者が、いちばん幸福な人間である。」

しあわせは遠くにあるのではなく、近くにあります。つまり、人のしあわせとは夫婦の関係、家庭の中にあるのです。

この神から与えられているパートナーとの関係をより豊かにするには、努力が必要です。聖書に記されている「互いに愛し合いなさい」とのキリストの命令は、まず一番近くの人間関係である夫婦関係で実践すべきです。しあわせは、遠くにあるのではなく、すぐそばの夫婦の中に用意されています。この本でさらにしあわせな夫婦関係を築くことができるようにと願っています。夫と妻の小さな努力で、豊かなしあわせをつくり出せます。

さて、現代の夫婦の課題をあげてみましょう。

夫婦の二人だけの生活時間

一九〇五年（明治三十八年）生まれの人の話です。その当時の平均寿命は男性が六十四歳で、一家庭における子どもの数が五～六人。子どもが高等学校を卒業し、親元を巣立ち、夫婦二人の生活が始まります。女性の結婚年齢は男性よりも五歳ほど若いので、子育てが終わったときの妻の年齢が五十三歳ぐらいだとすると、男性の平均寿命である六十四歳で夫が亡くなるとき、女性は五十九歳という計算になります。つまり、妻が五十三歳から五十九歳までの、たったの六年間が夫婦二人の生活となります。しかも、この時代は親との同居が一般的だったため、夫婦二人だけの生活は本当にわずかな時間だったと考えられます。

現在、男性の平均寿命が八十歳を超えました。子どもの数も少ないので、夫婦二人の時間は、子どもが自立するときに女性が五十歳だとすると、そこから夫が召される八十歳まで、実に三十年もあります。

夫の定年後に夫婦の時間が増えることについての調査がありました。「嬉しい」と答えた夫は四八％。それに対して妻は二七％。「嬉しくない」と答えた夫は一六％、妻は三二％。概して、定年後に家に夫がいることを妻は嫌なようです。夫と妻の意識の違いがあります。

夫婦二人の三十年をどのように過ごすか⁉　工夫が必要です。双方の調整、努力、配慮が必要なのです。

離婚の増加

私たちの親の時代は、お見合い結婚が一般的でした。私の母は寺で育ち、小さいころすでに「許婚《いいなずけ》」がいて、将来、その寺を継ぐ予定でした。しかし、いっしょに学んでいたその「許婚」が出征して戦死してしまいました。そこで、寺の檀家だった父と結婚しました。当時は結婚する家柄、家の評判が重要視され、親同士が話を進めていきました。離婚する夫婦は少なく、虐待という言葉も使われませんでした。

教会でも、縁談を持ってきた人を信用して、会う前から結婚相手と決めたり、短いおつき合いで結婚するといったことがあります。そして、とてもうまくいっているケースを私は多く見てきました。

しかし、今の時代、そのような結婚は推薦できません。結婚前によくおつき合いをして、よく考えて自分の意志で結婚を決めるように勧めています。紹介してくださった方がたとえ信頼できても、縁談の相手がどのような人かはつき合ってみないとわからないからです。

厚生労働省の発表によれば、二〇一五年の日本国内の婚姻件数は約六三万五〇〇〇件、離婚件数も約二二万五〇〇〇件に上ります。件数だけを見ると、離婚率は三五％です。この数字は、十年間ほぼ同じような割合のようです。これは大ざっぱな数字で、婚姻件数の中には再婚、再々婚も入っています。

ちなみに、米国では再婚した人同士の離婚率は、初婚の離婚率を上回っています。そして、再々婚同士の離婚率はさらに高くなっています。離婚した原因があり、その問題点をそのまま抱えて再婚すれば、再び離婚になる可能性も少なくないことは推測できることです。日本ではこの調査がありません。

そのために、結婚前カウンセリングがとても有効です。離婚した人が再婚するときに、どうして離婚したかについて新しいパートナーには話せないものです。話したとしても、こちらの都合の良いことしか伝えないでしょう。結婚前カウンセリングで、離婚によって受けた傷を分かち合い、問題となった性格、傾向などについて見直すことができれば、新たなスタートを始めることができるでしょう。このことについては、拙著『結婚を考えている二人のために』を参考にしてください。

離婚率が三割ということですが、それは子どもたちにどのような影響を与えているのでしょうか。

この三割という割合は、計算すると二組に一組の割合で、一方あるいは両方の親が離婚していることになります。新婚夫婦の半分が、自分の親の良好な夫婦関係の姿を見ていない可能性があるのです。

そこに負の連鎖が起こっていれば、日本の社会も歪んでくることになります。

虐待、依存症の増加

子どもへの虐待件数が増えていると言われます。虐待をする人は、自分自身も親から虐待を受けていたというケースが少なくないと言われています。

虐待を受けた人が自分の傷に痛みを覚えて、周囲に援助を求めたり、傷を意識して子育てをし、そこから解放されたりする人も多くいます。自分の子どもを愛することは、自分の分身である自分を愛することに繋がりますから。

虐待を受けた人は、親からの純粋な愛情を受けられず、自分の家族をどう愛したらよいかわからないということもあるようです。


依存症の問題も深刻です。夫の帰りが遅く、ついついキッチンでワインを一口飲んでいるうちにキッチンドランカーになる女性、休みの日には朝からずっとパチンコ店に行ってしまう男性。日本ではテレビのＣＭでビールの宣伝、パチンコ店の宣伝も流れます。女性をＣＭに使い、女性にも近づきやすいようにしています。アルコール依存症の人が多い米国ではありえないことです。韓国ではパチンコ店が日本から入ったとき、依存症が増えたということで国として禁止にしました。

依存症とは、脳内のホルモンによって快感を得ることと関係しています。一度得た快感を続けて欲してしまいます。依存症の治療はなかなか厄介です。

依存症にもいろいろなものがあります。ニコチン、覚醒剤、アルコール、ギャンブル、買い物、ポルノ……。家族を犠牲にして自分の脳の快感を求める方向に進んでいく恐れがあります。そして、そのことによって夫婦関係が崩壊に向かうこともあります。

私たちは「互いに愛し合いましょう」のキリストの大切な命令を一番近い夫婦関係で実践し、この負の連鎖をどこかで断ち切らなければなりません。

一部で、わかりやすい夫婦の愛の築き方を学び、二部で聖書からの夫婦の秘訣、そして、この改訂版の三部で実際の夫婦カウンセリングで経験したことを付け加えました。この本が夫と妻のしあわせづくりのお手伝いとなりますように！

目次

第2章　自分を変えるための五つのスピリチュアルなこと

第3章　カウンセリングの現場において

第*1*章　五つの「愛の言語」

夫婦の関係は愛の関係

夫婦とは、他にない愛で結ばれている関係です。もし夫婦のうちに愛がなければ、夫婦関係を続けることが困難になります。いっしょにいる理由が見いだせなくなります。愛が豊かであれば当然、幸いな夫婦関係ということになります。しかし、どのように相手を愛したらいいのか、愛を育てるにはどのようにしたらいいのか具体的に聞く機会がありません。どのようにしたら愛の関係を育て発展させることができるのでしょうか。

まず、この章で夫婦のお互いの心には愛で満たされる心があることを、二つのたとえ、「愛情のタンク」と「愛の銀行」で説明します。そして、その心を満たすために「愛の言語」があることをお話しします。

だれの心にもある「愛情のタンク」

私たちの心には、愛情によってだけ満たされる心のタンクがあります。石油ストーブの石油タンクでも、車のガソリン・タンクでも結構です、想像してください。この心のタンクは年齢によってどのように満たされるかが違います。たとえば、赤ちゃんは泣くことと笑うことができます。お腹がすいて泣いているときにはミルクをあげ、おむつが濡れたときにはそれを替えてやると喜びます。そして、ほほえんで見つめてあげることです。

幼児期になるといっしょに遊んであげることが必要になります。また、ことばで誉めてあげると喜びます。立つことができたり、ちょっと歩ける距離が増えたり、ことばが多くなったりすると、今度は親が喜びます。子どもは親の笑顔を見て、また笑顔で応えます。

少年期になるといっしょに行動してあげることです。そして、責任を与えます。お手伝いをさせる、家事の一部を任せてみるのもよいことです。そして、評価をしてあげることです。子どもは自分が認められていることを感じ、自尊心を持つことができます。

このように、親には子どもを愛し育てる責任が与えられています。子どもの心の愛情のタンクが空にならないように愛情を注いであげなければなりません。

子どもが落ち着かなかったり、問題行動を起こしたりするようになったら、それは決まって子どもたちの愛情のタンクが空っぽになっている時です。いっしょにいてあげること、いっしょに遊んであげること、誉めてあげることが必要です。

しかし、これは子どもだけの問題でしょうか。私たち大人には愛情のタンクがなくなったのでしょうか。もし愛情のタンクが存在するとしたら、それをどのように満たしているでしょうか。そもそもこのタンクは親との関係で満たされてきました。結婚した者は親から独立しています。今度は夫婦でこれを満たし合うことになるのです。

二人の関係は「愛の銀行」

ウィラード・ハーリというアメリカのカウンセラーが『パートナーと気持ちが一〇〇％通う一〇の法則』（*His Needs Her Needs*〔邦訳、三笠書房〕）という本の中で、夫婦の関係を「愛の銀行」のたとえで説明しています。人の心には「愛の銀行」がありま す。その人と楽しい経験があると、「愛の銀行」に預金をします。悲しいことがあると、そこから預金を引き出します。すべて出し入れする通貨は「愛」です。

この愛の預金が増えないと、二人は結婚に至りません。デートとは、お互いに傷つき傷つけ合う過程だと言われます。つき合う以前は自分の好き勝手に生きていればよかったのですが、相手が現れれば、それは全く違う人格なので、葛藤を覚えることが多くあります。会えば楽しく、心が安らぐこともありますが、うまくいかなくなることも出てきます。嫌なことよりも楽しいことが多くなると、それぞれの心の中にある「愛の銀行」の預金が増えることになります。そして、結婚しようという決断に踏み出せるようになります。うまくいかないことのほうが多いと、それぞれの「愛の銀行」から愛を引き出すことになり、預金高がマイナスになり、時には、結婚へ踏み出すことが困難となります。

　さて、結婚した夫婦にも、依然として心に「愛の銀行」があります。結婚前は二人でデートをして、預金が増えるようにしていたでしょう。しかし、結婚するとその努力をしなくなってしまいます。それで、葛藤のほうが多くなることもあります。そうすると預金高がだんだんと減っていくことになり、ついにはマイナスになってしまうことがあります。このような状態になると、二人の口から不満が出て、ついには別れ話も出てきてしまいます。いつのまにか、夫婦以外の人との愛の口座をもってしまい、自分のパートナーよりもその人との口座の預金額が多くなるなどということも起こります。自然とその人が心の中で占める位置が大きくなってしまいます。ですから、結婚した後も、パートナーとの「愛の銀行の口座」に預金できるよう努力しなければなりません。この預金はそのままにしておけば目減りしていきます。定期的に預けなければならないという性質があります。預金高が多ければ、幸いな夫婦関係に成長します。

いま二つのたとえで説明したように、私たちの心には、愛でしか満たせない「愛情のタンク」、そして、愛を預金する「愛の銀行」があります。

では、夫婦は具体的にどうしたら、この「愛情のタンク」を満たすことができるのでしょうか。どのようにしたら「愛の銀行」に多くの愛を預金できるのでしょうか。

答え――それは「**愛の言語**」を使うことです。

五つの愛の言語

アメリカの結婚カウンセラーであり、結婚セミナーを国内外で行っておられるゲリー・チャップマンが『愛を伝える五つの方法』(*The Five Love Languages*〔いのちのことば社〕)という本を書きました。この本はミリオンセラーで、アメリカではスーパーのスタンドでも売られています。

彼の言う「愛の言語」とは、いわゆる、日本語、英語、中国語などのことではありません。人は子どもの時に、両親から最初の言語を習います。そして、一番よく話し理解し心に伝わるのが、これです。たとえば、日本人であれば「好きよ」と言われると嬉しく感じますが、「アイ・ラブ・ユー」と英語で言われてもピンとこないでしょう。愛の領域も同じことが言えます。その人が両親から小さい時に受けた愛情表現がなんといっても一番に伝わります。その一番愛が伝わる表現方法、それが「愛の言語」だと言うのです。そのように、その人に伝わる愛の表現方法があるのです。

もし私たちが大切な人に愛を伝えたいのならば、パートナーにとっての最初の愛の言語、その人に伝わる愛の表現を知らなければなりません。チャップマンは、基本的にはたった五つの愛の言語しかないことを発見したと言っています。いろいろな書物を読むと、多くの愛の表現があると言われていますが、たった五つにまとめることができるというのです。子どものころ親から愛された、その最初の愛の言語を発見し理解することによって、より豊かな夫婦関係を築き上げることができるのです。その五つとは、左記のものです。

1 「肯定的なことば」（誉める、感謝する、励ます……）

2　「クォリティー・タイム」
3　「仕えること」
4　「プレゼントを贈る」
5　「触れ合うこと」

どの「愛の言語」を強く求めているかは、人によって異なります。夫婦が互いのそれを見つけて実践するときに、相手の心の中の「愛情のタンク」を満たし、「愛の銀行」の預金を増やすことになるのです。

先のチャップマンの本を読んで思うことは、日本とアメリカとで文化の違いがあまりに大きいということです。

たとえば、アメリカでは、頻繁に、「アイ・ラヴ・ユー」ということばを使います。仲の良い夫婦は、毎日のように言い合います。映画で、家を出るときに、「アイ・ラヴ・ユー」と言って妻にキスをする場面を、日本語の吹き替えで「行ってくるよ」と訳しているものがありましたが、これは両者の習慣の違いを物語っています。

キスにしても、日本ではアメリカのように、外出する時、帰宅するときにするといった習慣はありません。昔『奥さまは魔女』というテレビ番組がありました。夫のダーリンと妻のサマンサが、一日に何回も何回もキスをしているのを見て、日本とずいぶん違うなあと感じたのを覚えています。

「帰るコール」が多いのもアメリカの特徴です。夫婦の関係を特に大切にするという習慣があります。日本でもだんだんと、アメリカのスタイルに近づいてきていますが、やはりまだ文化の差は大きいのです。

そこで、チャップマンの本の「五つの愛の言語」の考え方を、日本の夫婦にどのように適用するかを考え、書いてみました。

私の愛の言語

私の「愛の言語」を紹介して説明してみます。

小学生の低学年くらいまで、母は私のことを「可愛い、可愛い」と言ってくれました。それで私は、自分が可愛い子どもだと思っていました。――**肯定的なことば**

父は海に連れて行ってくれました。私を背負って、沖の小さな岩まで泳いで行って

くれました。(私も自分の子どもに同じようにプールでしたのですが、途中で沈んでしまいました。)——**仕えること**

父のところに行くと、いつでもひざの上に座らせてくれました。——**クォリティー・タイム**

母は私の誕生日の日に肉まんとチキンを買ってきてくれました。今は、どこでも肉まんやチキンを見つけることができますが、当時はデパートに行かなければ買えませんでした。——**プレゼントを贈る**

母はよく私の顔をなでてくれました。とてもここちよいので、結婚してから妻の顔をなでてみました。妻は、びっくりして「やめてちょうだい」と怒りました。そのとき、これは母の特別な表現だとわかりました。——**触れ合うこと**

子どもへの愛情表現にはいろいろあります。ことば、行為、動作、接し方、一つ一つが私たちの心に伝わるとき、自分は大切にされている、愛されていると感じます。

大人になり結婚しても、私たちはやはり、愛されていることを実感したいのです。自分が大切な存在であることをいつも感じていたいのです。自分が愛を感じること、それが愛の言語です。私たちはそれをパートナーに期待しています。

繰り返しますが、ことばであれ行為であれ愛を感じること、それを「愛の言語」と呼びます。そして、その「愛の言語」は、人によって違います。両親との関係によって変わってくるのです。ですから、相手の「愛の言語」がわかれば、それを伝えることができます。そして、人は愛されていることで幸福になれるのです。

さて、あなたにとっての「愛の言語」はなんでしょうか。あなたのパートナーにとっての「愛の言語」はなんでしょうか。

考えてみましょう

・あなたが小さいころ、どんなことで親の愛を感じたでしょうか。思い出すことを書いてみましょう。

・あなたの心の「愛情のタンク」、「愛の銀行」は現在どういう状態でしょうか。

愛の言語Ｉ　肯定的なことば

誉めること、感謝を伝えること、この二つは愛を表すとても強いことばです。だれでも誉められたら嬉しいし、「ありがとう」と言われれば、悪い気持ちにはなりません。しかし、夫婦の間でいつのまにか使わなくなってしまうことばです。

魔法のことば――誉めること

魔法のことば、それは人を誉めることばです。

マーク・トウェインは言いました。「良い誉めことば一つで、私は二か月間生きることができる。」これが本当ならば、六つの誉めことばで一年間生きることができることになります。それほど誉めことばには力があるのです。まさに魔法のことばです。

私が結婚するとき、まわりの方々がいろいろとアドバイスしてくれました。その中に、「妻の食事は誉めないほうがいい」というものがありました。おいしいと誉めると、それ以上努力しなくなるから、というのです。そんなものかなあと考えながら、意識して誉めないようにしたことがあります。しかし、これは大きな間違いでした。人は誉めたほうが努力するからです。もっとおいしいものを作ろうと思うようになるからです。新婚時代は、二人とも若いので、未熟な点が多くあります。将来のために厳しくしたほうがよいのではないかと考えることがあります。しかし、厳しくした点はいっこうに良くなりません。むしろ誉めたところが良くなるのです。

旧約聖書の箴言三一章に「しっかりした妻」のことが書かれていますが、家族のいるところで子どもや夫が母、妻のことを誉めています。家族や他の人のいるところで誉めると、相手はさらに喜びを覚えます。日本人はなかなか家族のことを人前では誉めません。しかし、人前でも家族がいるところでも、良いところを誉めることです。もちろん、直接誉めることも忘れてはなりません。

人を変える魔法のことば

子どもの教育の本はたくさん出版されています。しかし、どの本にも必ず出てくること、共通していることがあります。それは、子どもを誉めることです。それが子どもを変える魔法のことばです。もしご主人を変えたいのなら、この魔法のことばを使うことです。もしあなたの奥さんを変えたいのなら、この魔法のことばを使うことです。

私の幼年期のことを思い出します。自分のおもちゃ箱を整理していたときに、母がそれを誉めました。そうしたら、何か非常に嬉しくなって母の化粧箱まで整理してしまいました。お客さんが来たときに、母がさらにこのことを誉めてくれました。私はまた嬉しくなって、お客さんが来ると聞けば、家の整理を始めるようになったのです。母が誉めてくれたひとこと、それが私にとって「愛の言語」なのです。

子どもは誉めるのに、大人になると誉めなくなる

私たちの日本の文化はあまり人を誉めません。謙遜を表すために誉めることをあえて控えます。人から子どもを誉められると、「いや、うちの子は言うことを聞かなくて」と答えるのではないでしょうか。ご主人を誉められると、「いや、そとづらだけですよ」と答えるでしょう。奥さんが誉められると、「うちでは悪妻ですよ」と答えていませんか。そのような文化で育った私たちは、そうとしか言えなくなってしまっているのです。

アメリカにホームステイのプログラムを作り、訪問したとき、びっくりした経験があります。日本人の中年女性に向かって、小学校低学年の女の子が「あなたの服とても似合ってるわよ」と言いました。私たちの反応は、「こんな小さな子が大人の服を誉めるなんて、生意気だ」でした。こうしたところにも、日本の社会が相手を素直に誉めることをしないことが表れています。かえって、けなすことが多いのです。ですから、誉めることを意識的に探し、それを表現するようにしなければなりません。このためには、わずかでも努力が必要です。相手をけなすことを探すのに努力はいりません。探さなくても、すぐに出てきます。しかし、誉めることは努力しないと、なかなか出てこないのが実際です。

男ってほんとうに単純

「誉めれば男性はすぐに変わりますよ」と言うと、多くの女性は言います。

「男ってちょっと誉めると図にのるから、そうしないようにしているの。」

「ちょっと誉めると、いい気になるから。」

「誉めるのは、夫の妻ではなく母親になるようでイヤだわ。」

しかし、図にのろうが、いい気になろうが、夫が良いほうに変わればよいではありませんか。

アメリカで夫婦セミナーがあり、女性に夫を誉めるという宿題が出ました。ある女性はいろいろ考えても、誉めことばが思い浮かびません。どうしようかと迷っているときに、夫が隣のソファーに座って、新聞を読んでいました。ふと夫の腕の力こぶが見えました。そこで、そのたくましさを誉めました。二日後、夫が夕食の時にいないのでガレージへ行ってみると、なんとバーベルを買ってきて、トレーニングをしていたというのです。

妻は瓶のフタが固くて開かない時に「開けて」とお願いします。私が力を入れて回すと開きます。その時彼女は「まあ、あなたって力持ち！」とわざとらしく言います。わざとらしく言っても嬉しいのです。

本当に、男って、自分で言うのもなんですが、単純なのです。

女性も実は単純

結婚詐欺の常習犯がよくいます。捕まってみると案外、男前ではありません。なぜこんな男に多くの女性がひっかかってしまうのかと思ってしまいます。けれども彼らは一つの特技を持っています。誉め上手なのです。女性は自分を認めてくれたと信じ、この人となら結婚してもよいと思って、多くのものを貢いでしまいます。そして、ある日突然、その男がいなくなるというわけです。女性も誉められるのに弱いことを示しているのではないでしょうか。調査によると、結婚詐欺の男は話し上手で、気がきく。最初非常にマメで、プレゼントなどを頻繁に持ってくるそうです。

葬儀の時ではなく、生きている間に誉めよう

先日、知人の葬儀に出席しました。その方は多くの人から尊敬されていて、式の中でその人柄が語られました。

「彼は人の世話をすることが好きでした。」

「いつも新しいことを学ぶ人でした。」

「間違っていたことがわかったときには自分から謝る人でした。」

「冗談を言って、まわりをリラックスさせてくれる人でした。」

「忙しくても、家族や友人のために時間を作ってくれる人でした。」

故人がいかに多くの人から好かれていたかがよくわかります。

私は牧師として葬儀の司式をします。葬儀というものは急にやってきます。結婚式は予定が組まれていますが、葬儀に予定などありません。そして、遺族の方々が愛する人の死を受け入れる時間がないままに始まってしまいます。葬儀では故人の人柄を紹介して、聖書から慰めと励ましの説教をします。短時間でその人の最後にふさわし

い説教を準備するのは、大変な仕事です。悲しんでいる遺族の方に、故人のことをお聞きします。特に、良いところをお聞きして式の中で紹介します。生きているときには良いところがなかなか見つからない人でも、この時には遺族はこんなことがあった、あんなことがあったと思い出して話してくれます。私は思います。だったら、その人が生きている間に、そのことをもっと誉めてあげてほしかったと。

感謝のことば——潤滑油のことば

「ありがとう」ということばは、潤滑油のように人間関係に良い流れを作ります。日本人はお辞儀をすることに慣れています。学校で授業の前に毎回「起立、礼」をさせられます。職場などでも、やたらとお辞儀をします。けれども、家ではお辞儀をしたり、感謝のことばを伝えたりすることは多くないでしょう。

この「ありがとう」はたいへん便利なことばです。このことばのない民族がアジアにあります。私の友人は東南アジアのある国で、話しことばはあっても、文字のない部族のもとで宣教師として働いています。そこでは「ありがとう」ということばがないのです。では、どのようにして会話を交わしているのでしょうか。たとえば、お米を持ってきてもらったときには、普通「ありがとう」とお礼を言います。けれども、そのことばがないので、「きょう食べるよ」と言うのです。分かち合うのが当然と考えているので、「ありがとう」ということばが必要なかったようです。

家庭でも、このことばを使わない夫婦が多いのです。当たり前という考えがあるからです。ところが、「ありがとう」は「有難う」、有ることが難しいと書きます。本来、当然ではないことを表現していることばです。

それに比べて、英語の「サンキュー」は、使い慣れたことばのように思います。近くのハンバーガー屋さんに行ってみてください。「ハンバーガー、ツー、プリーズ」「サンキュー」と店員同士が英語を使っています。最後には「サンキュー」まで入れています。飛行機のアナウンスの最後にも「サンキュー」が入っています。サンキューがいわば潤滑油となっているのです。

夫婦の間でもっと、「ありがとう」のひとことを言うなら、二人の関係が良くなることは確実です。

「ゴミを捨ててくれて、ありがとう。」

「この料理好きなんだ。ありがとう。」

「お皿を洗ってくれて、ありがとう。」

「子どもと遊んでくれて、ありがとう。」

そんなことは当然、と思わないで感謝すれば、不思議なことに次々と感謝することが見つかってきます。

夫婦二人でいる静かなとき、相手に何を感謝できるか

「結婚してくれて、ありがとう。」
「いっしょにいてくれて、ありがとう。」
相手の存在さえも感謝できるようになります。「ありがとう」を言えるゆっくりとした二人の時間、良い環境を作ることも大切です。

「何事も利己的な思いや虚栄からするのではなく、へりくだって、互いに人を自分よりすぐれた者と思いなさい。それぞれ、自分のことだけでなく、ほかの人のことも顧みなさい」(ピリピ人への手紙二章三、四節)。

このみことばを実践するのに、問題は他人ではありません。自分です。この私がへりくだって人の良い点を見ることです。自分は駄目で他の人のほうがすぐれている、と無理をしても思うように、ということではありません。自分がへりくだることで無になって、相手の良いところを見るということです。これをまず夫婦の間で実践しましょう。

『トータル・ウーマン』（マラベル・モーガン著、板橋好枝訳、講談社文庫）という本に、「相手の欠点を数えあげて生きてゆくには、人生は短すぎます。彼のよいところだけに目を向けましょう」とあります。この人生は短いのだから、人の欠点を見つけ出そうとする時間などもったいない。良いところだけ見つけなさい、というすすめです。

励ます、慰める、認めること

「誉めること」「感謝のことば」、その次に大切なことばは、「励ますこと」「慰めること」です。

人はみな励ましを必要としています。私たちは小さなことですぐに気落ちします。ちょっとのことで落ち込んでしまいます。人の評価を気にしてしまいます。

子ども時代は、親が励ましてくれたり、慰めてくれたりしたでしょう。大人になって、だれが励ましてくれますか。だれが慰めてくれますか。それが最もできるのは、あなたのパートナーです。そして、それはとりもなおさず、あなたのパートナーがあなたの慰めと励ましを待っているということです。特に、男性は自我が弱いと言われます。三度の食事が必要なように、励ましが毎日必要です。家の中でだれが夫を、妻を励ますことができるでしょうか。夫と妻の大切な役割として、相手を励ますことがあるのです。

「がんばってね」以外のことばで

人を励ますことばは、あまり多くは見当たりません。私たちがよく使うのは、「がんばって」です。家族が出勤するとき、学校へ行くとき、「気をつけてね」と「がんばってね」が多いそうです。友人に対しても、病人に対しても、一様に使うのが「がんばって」です。この「頑張り」の頑は頑固であり、張りは自己主張を意味します。頑固に我意を張ることが頑張りとなります。精神的にうつ状態の人に対しては、このことばはかえって追い込むことになるので用いないように、と言われます。その人のことをよく理解し、深い同情心、共感の思いを持ち、的確な励ましのことばを使えるようにしたいものです。

あなたは子ども時代にどんなことばをかけられたか

私の父は家具の製造の小さな工場を営んでいました。あるとき、友人の保証人になりましたが、その友人が急死し、父が多額の借金を背負うことになってしまいました。

資金繰りが行き詰まり、事業を続けることをあきらめ、新たな道を選ぶことになりました。私たち家族はある夜、車に必要な荷物を積んで夜逃げをすることになりました。両親にとってはたいへんつらい決断でした。父はサラリーマンとして再出発しました。

中学生だった私はいっとき親戚に預けられ、両親が新しい所で生活が慣れてきたころに呼び寄せられました。すべてを失った両親は、「あんたがいてくれたからやり直そうと思った」と言いました。自分の存在が二人を支えている。両親はこれまで築き上げたものすべてを失いましたが、人に謝ってでも、私を愛し、育てようとしてくれた。自分はそんなに大切な存在なんだと感じました。私にとって、「あなたがいてくれるから嬉しい」ということばが、大人になった今でも愛のことばなのです。

「あんたがいると邪魔」だとか、「いてもいなくても同じ」だとかは、決して言ってはならないことばです。あなたがいるから嬉しい、ありがとうと言うのです。存在を感謝するのです。

夫婦はお互いの才能を引き出すことができる

三浦綾子さんは病弱な主婦でした。朝日新聞の社告で懸賞小説の募集が出ていました。原稿用紙一千枚の大作の募集です。弟さんがその記事を見つけて渡してくれましたが、綾子さんはそれを一読して「自分には関係ない」と一笑に付してしまったといいます。ところがその晩、小説の構想がわいてきて、次の日に夫の光世さんに話してみました。

それで、光世さんは何と言ったと思いますか。

「おもしろいストーリーだね。まあ、書いてごらんよ。」

しばらくして綾子さんが「私、小説家になれるかしら?」と聞いたところ、光世さんは、「なれるとも」と答えてくれたそうです。そして、小説家「三浦綾子」が誕生したのです。

夫婦はお互いに、神さまから与えられている賜物を見いだし、引き出すべきです。そのためには、励ましが不可欠です。

「才能はいつでも、花開く日を待っている」

日野原重明先生の『生き方上手』(ユーリーグ)の中に、六十代半ばの実業家のお話が紹介されています。その人は三度の癌に見舞われ、再発を恐れていました。先生は、「何か新しいこと、そうですね、絵でも描いてみたらどうですか」と言いました。しかし、その人は絵には全く興味がなく、不器用のようにも見えました。

けれども、この人はやってみました。「なんでこんなことをしているのか」と思うこともあったそうです。ところが十年後、なんと絵画で賞を獲得し、銀座で個展を開くまでになったのです。先生は言います。「才能とはだれの中にも無限に眠っていて、花開く瞬間を待っている」と。
その才能を引き出すのがパートナーの務めなのです。

デボラのめざめ

私の妻は、牧師の妻として私をこれまでよく支えてきてくれました。しかし、彼女は性格的に自分をあまり高く評価しないところがあります。結婚し牧師の妻としての奉仕が二十年を超えたころ、妻の内に夫の私にはないすばらしいものが生み出されていることに気がつきました。私はそれを認めて励ますことにし、「デボラひろこの目覚め」と呼びました。デボラとは、旧約聖書の士師記四章に出てくる女性です。夫がいながらも女預言者として活躍した人です。妻も自分の内に潜んでいた賜物を認められ、喜んでいます。人には、開花することを待っているものがあるのです。それを助けるのがパートナーの役目です。

愛のことばの影響力

ことばには私たちの思いを超える影響力があります。ちょっとした不用意なことばが人を落ち込ませます。しかし愛のことばは、思いもかけないすばらしい影響を与えます。

事実、私たちが誉められたり、慰めのことばをかけられたりしたときに、そのことば以上にその人に何かで報いたいと願います。ことばには確かに不思議な力があります。その人を行動にかき立てる何かがあります。「誉めること、感謝すること、励ますこと、慰めること」あなたのパートナーに使ってはいかがでしょうか。

考えてみましょう

・あなたは小さい時に、どんなことで誉められて、嬉しかったでしょうか。

・あなたのパートナーのどんなところを誉められますか？

・あなたは、これまでどんなことでパートナーから誉められたり、感謝されたりしましたか。

・具体的に、どのようにして肯定的なことば（誉める、感謝する、励ます）を相手に伝えたいと思いますか？

愛の言語Ⅱ　クォリティー・タイム

「クォリティー・タイム」とは、二人だけの大切な時間ということです。その目的は、「自分が必要とされていること、大事な存在であることを感じること」にあります。

いっしょにソファーに座って、ただテレビを見るということではありません。パートナーに注意を払い、パートナーのために同じ時間を共有する時なのです。散歩をしたり、レストランで食事をしたりするのもよいのですが、そんな時でも相手を見つめ、相手の話に耳を傾けます。また、ただ話を聴くだけでなく、自分の思い、感情をも伝えます。そうすることで夫あるいは妻は、自分が大切にされていると感じることができるのです。

私たちが結婚して二、三年の、まだ子どもが与えられていないころのことです。妻がふとこんなことをつぶやきました。

「最近、話をしていないネ。」

私はびっくりしました。そのとき私たちは、教会の二階の2LDKに住み、その一室を書斎にしていました。ですから、ほとんど丸一日同じ所で時を過ごしていたのです。

「え、毎日二人で生活しているのに、これ以上何を話すことがあるの」と、そのとき答えたのを今でも覚えています。

二人でそこにいればコミュニケーションができるかというと、決してそうではありません。日常で起こっていることをどう思っているのか、どう感じているのか、これからどうしたいのか等を分かち合うのが、夫婦関係の成長にとって重要なことなのです。

最近のことですが、私のほうから妻に、「最近話をしていないネ」と言ってみました。彼女はどう答えたでしょうか。――「別に。」

ほかの日に、もう一度言ってみました。「最近話をしていないネ。」

今度は、「何を?」と答えてきました。この時、これは、女性の使うことばで男性のことばではないとわかりました。自分が本心からそう思って言っていないので、相手に通じないのです。確かに女性は話を聞いてもらうことを必要としているのです。

クォリティー・タイムは特に女性にとって大切なこと

概して女性には、自分が大切な存在であることを認められたいという思いがあるようです。ですから、いつもそれを確認したくなるのです。この点で男女の違いを理解するのは大切なことです。

男性には結論を急ぐ傾向があるようです。女性は、結論よりもその経過を大切にすると言われます。話し合いをするときでも、男性はどちらかというと早く結論を出したいと思います。女性は話を積み上げていくことで、物事の中にある真実に近づきたいと思うので、延々と話を続けます。男性は、長々と説明を始めることに我慢できず、「それで何を言いたいんだ」「結論は何だ」と言いたくなります。そればかりか、的を射ていない話し方に対して、「女性はなんと感情的なのだろうか。それに比べて自分はなんと論理的な存在なのか」と相手を見下したり、自らを誇ったりしてしまいます。しかし、ただ単に男女の違いがあるだけの場合が多いのです。それを知ったうえで女性の言うことに耳を傾ける。そして、女性は自分が大切にされていると感じられる時をもつようにするのです。

女性も男性の弱点を知ることが大切です。男性と女性では、右脳と左脳の働きの違いがあると言われています。特に話すことにおいて、男性には容量が限られています。テレビ番組でバラエティの司会をしている人が言っていました。テレビでは止まることなく話しているのですが、家ではむっつりしているというのです。確かに、営業マンとして笑顔でいろいろと製品の説明をするのに、家に帰ったとたんに黙りこむ男性が多いのです。女性は一日に平均六千〜八千語を、男性は二千〜四千語を使っているそうです。男性は女性の半分しか話さないということです。女性は、疲れて帰ってきた男性にその日一日あったことを聞いてほしいと望みます。けれども、男性にはすでに使う単語の容量が残っていません。女性には十分に残っているのですが。男性は、家族と家が無事であったことだけを聞いて安心したいのです（『話を聞かない男、地図が読めない女』主婦の友社）。

夫婦カウンセリングのつぼ（夫婦カウンセリングの秘伝）

うまくいっていない夫婦をカウンセリングするときに、二つの質問から始めることが多くあります。そのつぼをお教えします。あなたがだれかから相談されたときに役立つものです。

第一の質問は、「どうして、その人と結婚したのですか?」

結婚の動機を聞くのです。多くの場合、結婚の動機がしっかりしていません。あまり結婚について考えないで、いっしょになってしまったのです。あるいは、自己中心的な思いだけで結婚してしまったのです。それならば、問題が起こるのは当然です。そこで、もう一度結婚というものを認識して、改めてパートナーを愛していこうと決心する、覚悟することが解決への一つの道となります。(結婚の動機については、前に出版した『結婚を考えている二人のために』第二部の二章「なぜあなたは結婚するのですか?」が参考になります。)

第二の質問は、「婚約時代に、どのような交際(デート)をしましたか?」

もしも婚約時代に良い付き合いができていたら、結婚しても良い関係をつくることができます。デートをするなかで、相手の話を聞いたり、相手に合わせることを学んだり、必ず起こる喧嘩を乗り越える経験をしたりします。婚約時代のデートとは、異なる人格がこれまでにない近い人間関係を築いていくことですから、相手を傷つけたり、こちらが傷つけられたりします。その経験を通って相手を受け入れることを学んでいきます。それができていれば、結婚後、問題が起こっても乗り越えられるのです。ところが、デートといっても買い物をする、映画を観る、いっしょに遊ぶ、スポーツ等をするだけだと、ゆっくり話し合うことがありません。結婚前に話し合うことをしていない、見つめ合うことをしていないと、結婚しても二人でゆっくりと話し合う時をもつのは難しくなります。男性は結婚前には女性の長話も喜んで聞くことができるものです。しかし、結婚して現実の忙しい生活に投げ込まれると難しくなるのです。

どうして、性格の違う者同士が結婚できるのでしょうか。多くの人がデートで傷つけ合う経験をしますが、それ以上にすばらしい、わくわくする楽しい時をもつことができたからです。ですから結婚できるのです。「愛の銀行」に預金があるからです。たとえ結婚して夫婦関係がぎくしゃくしても、二人に良い経験があれば、問題を乗り越えることができます。良い経験を積み上げていくこと、「愛の銀行」に定期的に愛を預金していくことが、夫婦生活を強くしていく秘訣です。

職場で出会って結婚をする職場結婚が多いのですが、職場でいつも見ているから、その人を知っているような錯覚に陥ることもあります。結婚するとまるで違う人であることを発見します。そこで、どんなデートをしていたかと尋ねると、たいてい話し合う時をもっていないのです。そして、職場結婚は離婚するケースも少なくないのです。

婚約時代に良いデートをしていなかったという人には、もう一度デートをし直すことを勧めています。クォリティー・タイムをもつようにするのです。

心の中の大切な思い出のアルバム作りを

皆さんの家にはどんなお宝が眠っていますか。たぶん、そんなものは家にないと答える方が多いと思います。あるいは、人には言えない宝があるという人もおられるでしょう。お宝なるものがあったとしたら、それを簡単に手放すわけにいきませんから、大切に保管しなければなりません。ですから、案外面倒なものです。

しかし、だれでも心の中に大切な宝をもつことができます。それは心の思い出のアルバムです。大切な人と楽しく過ごした思い出です。そのためには、二人で特別な時間を過ごすことです。

結婚前には、いろいろな所へ行ったかもしれません。しかし、結婚してからは別行動ということになっていませんか。音楽を聴きに行く、ショッピングに行く、ピクニックに行く、ウォーキングに行く。誘われたら、いっしょに行くようにしましょう。年を取ると、いっしょに行きたくても行けなくなってしまいます。二人で出かければ、それが思い出として心に残ります。

人生を長くするにはどうしたらいいか

作家の加賀乙彦さんが、「人生を長く生きるにはどうしたらいいか」ということについて書いています（『生きるための幸福論』講談社現代新書）。新しい経験を積み重ねることだと述べています。特に、旅の効用をあげます。私たちが写真を撮るのは特別な時です。旅行の時などにはカメラを欠かしません。新しい経験を思い出として残しておきたいという思いがあるからです。日常の繰り返しの生活よりも、あそこに行った、ここに行ったということがあれば、良い時をもったという記憶が積み重なり、人生を長く生きたという思いになるのです。

特に夫婦で旅行することは、日常生活から抜け出し、リフレッシュするために大切です。思い出に残りますし、二人で分かち合える時となります。

結婚の準備をしている人たちのカウンセリングの場で、新婚旅行の話になったときには、いくつかのアドバイスをします。中には学生同士でお金がないカップル、忙しくて旅行の時間が取れないというカップルもいます。けれども、新婚旅行を必ず計画するように勧めます。結婚式を終えた直後でなくても、だれにも邪魔されず、日常から離れて二人だけになる時間をとるように、と言うのです。また、観光中心になってあまり忙しくならないように、ゆっくりとした計画を立てることを。旅行の良い思い出ができれば、その後も二人で旅行したいと思うようになるでしょう。そして二人の思い出のアルバムを増やすことができます。

しかし、旅行も、案外ストレスになります。持っていく物の準備、交通の手配、留守のことなど、けっこう面倒です。役割分担をしっかりしないと、旅行がどちらかにとって大きな負担となります。お金の使い方についても、意見交換の時となるでしょう。良い意味でのストレスになるか、悪い意味でのストレスになるかは、二人のこれまでの歩み方にかかっています。いずれにしても、旅行は夫婦にとって貴重な時であることに間違いはありません。

感激と喜び、苦しみと悲しみを分かち合うことのしあわせ

ある男性の手記を読んだことがあります。出張で世界中を駆け回り、様々な観光地を見て来た人です。ところが、どこに行ったかを思い出せないということです。いつもひとり旅だったので、感激を分かち合う相手がおらず、心に強く残っていないというのです。奥さまを亡くし、どうして二人で行かなかったのかと悔やんでいました。

結婚によって、人は感激と喜びを分かち合います。苦しみと悲しみを分かち合います。分かち合えば、その感激と喜びは二倍になります。苦しみと悲しみは半分になります。

ある夫婦の新たな出発

問題を抱えた夫婦のカウンセリングをしています。夫婦カウンセリングの原則は、夫婦の成長を共に考え、援助するということです。

まず二人の時間を作ることを提案します。だいたいは夫が忙しく、帰って来ても、テレビを見ながら家族と食事をし、テレビを見終わって寝る。休みの日は、自分のしたいことを家族それぞれがするというパターンです。話し合いの時がないのです。夫の行く所、妻が行きたい所へいっしょに行くように勧めます。テレビを消して、二人でお茶を飲む時間を作るように、いっしょに買い物に出て、たまには喫茶店でお茶を飲むように、と言います。彼らは答えます。「別に話し合うことなんかありませんよ。」「こちらが話しても、真剣に聴いてくれないんですよ。」あきらめていることも多いようです。そこで、もう一度デートをし直して、夫婦の絆を強めるようアドバイスしています。

ある会社で営業をしている人がカウンセリングに来られました。奥さんの問題について相談するためです。奥さんが借金をしていたのです。十数社からの借金が何百万にもふくれ上がり、返済が困難になっていました。浮気をしているわけではありません。何回かカウンセリングを続けているうちに、夫婦の絆よりも親子の絆が強くなっていることに気がつきました。そこで、夫婦でクォリティー・タイムを作るようにと宿題を出しました。買い物にいっしょに行く、そして、どこかで二人でお茶を飲む。子どものことについてゆっくり話を聴く。奥さんの仕事のことを聴く。誉めてあげる。そして、奥さんもカウンセリングに来るように勧めました。

ついに、奥さんが夫に連れられてやって来ました。どうして自分が来なければならないのかという顔でした。

人間関係の問題の時には、その人たちが育った家族の問題も関わっています。奥さんのお母さんとの関係についても話し合いました。奥さんは自分のことを表現することが苦手なようでした。カウンセリングにおいて時として、カウンセラーがその人の親に代わって評価してあげたり、誉めてあげたりします。その時もそのようにしました。そして、ご主人に対しても奥さんを誉めるようにと言いました。奥さんには、ご主人に感謝の思いを伝えることを勧めました。

だんだんと夫婦の絆が強くなっていきました。そして二人に、問題を乗り越える力が生まれてきました。彼女は「もう大丈夫です」とはっきり言えるようになったのでした。

考えてみましょう

・婚約時代のデートで思い出に残っていることは何ですか。

・最近二人だけで話す時間を持ちましたか。

・二人で喜びや悲しみを分かち合ってきましたか。家族のことなどを共に考えてきましたか。

・二人の時間をもつためにどのような工夫ができますか。

愛の言語Ⅲ　仕えること

I Was Born To Love You（アイ　ワズ　ボーン　トゥ　ラヴ　ユー、私はあなたを愛するために生まれた）

有名なロックグループ「クイーン」の曲です。人気俳優のテレビドラマのテーマソングにもなった曲で、男性が女性に言うセリフです。結婚前なら、「私はあなたを愛するために生まれた」と言えても、結婚してからはどのように愛を示すことができるでしょうか。

これまで学んだ「肯定的なことば」は、相手にことばで愛を伝えることであり、「クォリティー・タイム」は、共にいることによって愛を伝えることです。そして、これからお話しする「仕えること」は、具体的な行為によって愛を伝えることです。

様々な行為が愛として伝わる

食事作り、テーブルセッティング、皿洗い、掃除、洗濯、布団干し、洋服棚の整理、衣替え、風呂掃除、買い物、ゴミ集めとゴミ捨て。細かいところに目を向ければ、風呂場の排水口から髪の毛を取る、鏡を拭く、網戸をきれいにする、ゴミ箱を運ぶ、本棚のほこりをとる、車をきれいにする、倉庫を整理する。これは二人の生活のためのことで、子どもがいればさらに何倍も労力が必要です。こうしたことをするためには、計画と時間と労力がどうしても必要となります。ここに書いたことすべてをひとりで行うとなれば、それは大変なことです。協力して行わなければなりません。そして、相手のことを思って、自発的に行うことのできるものです。パートナーのことを思い、これらのことをするときに、愛の表現として相手に伝わります。

アメリカの女性が家に来ると、ちょっと緊張します。車のドアを開ける。玄関の戸を開ける。重い荷物を持ってあげる。レストランで席にまずその人を案内する。こうしたことは男性が当然することだと聞きましたから。しかし、そうしたことも慣れれば、そんなに大変なことではないでしょう。ですから、妻が喜ぶことを、そのようにしてあげたらよいのです。

「王様の気分を味わいたいなら、まず奥さんを女王のように扱いなさい」ということばを聞いたことがあります。男は王様に、女性は女王様の気分になりたいのでしょう。そして、家では残念ながら王様と女王様になりたい二人しかいません。それで、まず妻を女王様のように扱えば、夫も王様のように扱われるのです。

何をしてほしいかは、両親との関係によって変わる

私たちは、自分がしてほしいと思うことを、してもらえない時に不満を感じます。何をしてほしいかは、自分と両親との関係からの影響があります。自分の両親がしたように、自分のパートナーに対して期待をするのです。家庭によって習慣が全く違います。仕事第一の父親、家庭を大事にする父親、共働きで家事を分担している両親、それぞれの家が異なった形態をもっています。

妻と婚約中、デートを終え、駅で別れました。彼女はそこからバスに乗って帰り、私は電車に乗って帰宅しました。妻にとってそれが不満でした。彼女の友人の彼氏は、独身時代にいっしょにバスに乗って家まで送って行ったというのです。確かに彼女の友人の彼氏はそのようにするタイプでした。

結婚をしてから気づいたことがあります。妻の両親は、私たちが千葉県から福岡市に引っ越すことになったとき、わざわざ岩手県から、羽田空港まで見送りに来てくれました。それで、妻の両親が我が家に来て帰る時には、駅のホームまで見送りにいくことにしています。私の両親の場合は、近くの駅までです。ですから、私の考える見

送りは近くの駅まででした。妻の場合は駅のホームまでなのです。どのような親子関係だったかで、求めること、期待することが違うことがわかります。

仕える行為は自発的でなければならない

あるとき、奥さんが車庫をきれいにしてほしいと夫に言いました。その人の夫はそれにすぐに応じることをせず、ぐずぐずしていました。すると、奥さんは半分怒りながら、せき立てます。夫はやっと掃除をし始めます。それは妻がうるさいからです。そのような動機で行動したとするなら、夫は「妻にさせられた」という思いになるでしょう。奥さんのほうとすれば、「私の言うことをいつも聞いていないんだから」ということになります。

それでは、夫が黙って掃除をし、妻を車庫に連れて行ったとしたら、どうでしょう。「わあ、きれい。私、気になっていたの。ありがとう」ということになるのではないでしょうか。

夫が家に仕事を持ってきました。そして、お茶を入れてほしいと妻に言います。妻は思うかもしれません。「偉そうに。お茶がほしかったら自分で入れたらいいじゃない。主婦は忙しいのよ。家まで仕事なんか持ち込まないでほしいわ。」あるいは、そう思わないまでも、嫌々ながら持っていくかもしれません。夫のほうは、「おれは家族のために仕事をしているんだ。それなのに、いったいその態度はなんだ！」と思うかもしれません。

妻は自分を奴隷のように感じるかもしれませんし、夫は「わがままな女だ」と思うかもしれません。

けれども、妻が夫の仕事をする姿を見て、笑顔で「お仕事ご苦労様ね」と言って、そばにお茶を置いていけば、夫も家族のために早く仕事をきりあげようと思うようになるのではないでしょうか。

家族の面倒をみる――特に女性が求めること

女性は、夫が家庭に関わってくれると、嬉しく思います。

友人が宣教師としてフィリピンに行くことになりました。それでまずシンガポールで訓練を受けました。三人の子どもたちの中には就学前の子もいて、奥さんにとって子育てと語学の学びの両立が大変なことでした。友人は、奥さんの語学の時間には、子どもの面倒をみ、家事をしました。考えてみれば、当たり前のことでしょう。けれども、当時の私にとっては大きなカルチャーショックでした。家事や子どもの面倒は妻の責任と思っていたからです。

そこで、私は自分の意識を変えました。私たちは二人で教会の奉仕をしている。だから、妻ができないことは私が喜んでするようにしよう。妻が教会の奉仕をしている時、人の悩みを聞いている時など、私が食事を作ったり、子どもの面倒をみたりするようになりました。妻が働いているなら、そのときは自分が家事、育児をするのは当然ではないかと考えられるようになったわけです。

今日、共働きの家も多くなりました。もしも夫が、家事と育児は妻の責任だと言って、自分は帰宅後ゆっくりし、妻が仕事のあとに、ひとりでそれらをこなそうとしているなら、うまくいかなくなることも容易に想像できます。

家庭に参加し、家族を助ける

おもしろいことに、ある年代から、ニューファミリーと呼ばれる世代になります。夫婦や親子だけで構成される家族を核家族と呼びますが、世代によって生活パターンが変わってくるわけです。私などは、ちょうど境界線にいます。

たとえば、男性のあなたは、奥さんといっしょにスーパーで買い物をしますか。子どもの三か月検診に、会社を休んでいっしょに病院へ行こうと思いますか。子どもの入園式には、会社を休んでビデオカメラを持って行きたいと思いますか。自分の幼い子と母親が教会で母子室にいるときには、あなたもそこにいたいと思いますか。

もしも「はい」と答えるならば、あなたはニューファミリーです。私の父はスーパーに母といっしょに決して行こうとしませんでした。赤ちゃんの面倒もみませんでした。私は妻といっしょにスーパーには行きます。しかし、三か月検診に行くのも、入園式や小学校の卒業式に出席するのも、恥ずかしさを覚えます。妻から頼まれてやっとこさ腰をあげます。

今の若い世代は何の躊躇もなく、会社を休んで子どもの行事に参加します。しかし、中にはニューファミリー以前の世代のように、家庭のことは妻に任せっきりにする男性もいます。そのような男性には、家庭の仕事を分け合うように、子どもの育児にも参加するよう勧めます。その男性は自分が育ったところで見てきたとおりのイメージで自分の家庭を見ていると思います。

熟年を迎えた夫婦は、定年退職をし、子どもたちも巣立ち、二人だけの生活を送ります。体は衰えてきます。夫は妻を当然、いたわり、家事も助け合わなければなりません。頑固に家事は妻の仕事と言っていれば、二人の間には間違いなく不和が起こるでしょう。現在、生活が便利になったこともありますが、世代間の生活習慣が極度に変わってきている親子は、結婚後いっしょに住まなくなっています。同居するにしても、二世帯住宅にしなかったために、様々な葛藤が生まれたということもあるようです。夫婦二人で生活できるように協力する必要があるのです。

かまってあげる——特に男性が求めること

かまってあげる。妙なことばです。子どもをかまってあげないと、欲求不満を起こします。私が小学生の時に、両親が親戚の子どもを短い間預かることになりました。我が家に可愛い幼児が来たので、両親は大喜び。ついつい親たちの心はこの小さな来訪者に向けられていきました。そして、次第に私は寂しくなったのを思い出します。これまで両親の愛、思いを独占していたのに、子どもが生まれると、かまってもらう時間が少なくなります。可愛い、可愛いと下の子に親の関心がいくのはおもしろくありません。親は子どもたちそれぞれに対して配慮しなければなりません。かまってあげなければならないのです。

実は大人でも同じなのです。愛する人から、かまってもらいたいのです。いっしょにいてほしいのです。

ある年齢になると、誕生プレゼントといっても、ほしい物が思いあたらなくなることがあります。ある年の誕生日に私は妻に、「一日どこへでもいっしょに付き合ってくれること」を提案しました。彼女は、私の行きたい所、見たい所へ何の文句も言わずについて来てくれました。私は古い物が好きです。特に、古い焼き物が大好きで、見ているだけで古い時代のロマンを感じます。けれども、妻は全く興味がありません。ところが、その日は骨董市について来てくれました。私のペースで歩き、そして、話しかけた時には笑顔で応えてくれました。良い誕生日でした。私はひとりっ子で、両親はよくかまってくれました。ですから、妻に対しても期待するところが多いのかもしれません。女性は夫を見て、自分の家に大きくなったもう一人の子どもを発見し、いやになるかもしれません。男性は外で七人の敵と戦って帰って来るわけですから、やさしくかまってあげてください。

いっしょに感動する時が必要

私たち夫婦は休みにはいつも二人でどこかへ出かけます。でも、興味が違うところにありますから、デパートに行った時などは集合時間と場所を決めておいて、それぞれ楽しむことにしています。二人で行動すると、立ち止まる所、見たい所が違うので、ストレスになってしまいます。とはいっても、自分が感動した時にいっしょにいて、その思いを共有してくれれば、その喜びは倍増するでしょう。それで、二人とも感動できる所へはいっしょに行くようにしています。

挨拶の際に私たちがよく使うことばがあります。「どうぞ、おかまいなく」です。けれども、家族に対してはかまってあげなければいけません。

イエスさまの模範

最後の晩餐の席上、イエスさまはたらいに水を入れ、手ぬぐいを持って弟子たちの前に来てひざまずき、彼らの足を洗い始めました。弟子たちはびっくりしました。当時、人の足を洗うことは、奴隷にさえも命令できないほどのことでした。それをイエスさまがなさったのです。イエスさまはなぜ弟子たちの足を洗ったのでしょうか。聖書には、それが弟子たちに愛を残すところなく示すための行動であったと記されています(ヨハネの福音書一三章一節)。私たちはこの箇所から、イエスさまのへりくだりを学び、どんな人をも愛さなければならないこと、そして、互いに愛し合わなければならないことを学びます。

ここで、イエスさまがなさったことを考えると、それが非常に具体的であることがわかります。そして、家庭で行うことをなさいました。私たちが愛を実践するのは、まず家庭においてなのです。

黄金律と呼ばれる、イエスさまのことばがあります。

「人からしてもらいたいことは何でも、あなたがたも同じように人にしなさい」（マタイの福音書七章一二節）。

まず、夫婦でこのみことばを実行することです。

仕える喜び

仕えることが喜びであることをご存じでしょうか。人に仕えることとは、不自由であると思うかもしれません。人が仕えてくれるなら、喜びを感じるだろうと思うかもしれません。しかし、仕えてもらうことを求めていくと、それは際限がありません。どこまで仕えてくれるのか、いつまで仕えてくれるのか、心から仕えてくれているのか等、人を試すことにもなります。自分中心に陥ると、際限なく自分中心になっていきます。こうなると、夫婦関係は求め合い、責め合う関係になってしまいます。

難病の妻を持つ夫

重いリュウマチの症状や膠原病《こうげんびょう》の女性たちが、これまで私のセミナーに参加してくださいました。食事の支度、家事も十分できないほど重症の方々です。セミナーでは、夫婦の幸福度を調べるテストを行いますが、そのとき一番良い点数を取ったのがこの人たちでした。そして、そのご主人たちも同様に幸福だと言うのです。夫婦が互いに気遣い、配慮し合っていました。どこへでも自由に行けるわけではないでしょう。やりたいことが自由にできるわけでもないでしょう。しかし、申しわけありませんねという思いをもってその愛を受ける妻と、彼女が少しでも楽に生活できるように気遣う夫の二人の関係が、それぞれに幸福感をもたらしているのです。助け合うところにしあわせがあるのです。

子どもも独立し、仲良く生活するご夫婦がおられました。奥さんは毎日の食事作りで、三十種の食材を入れようとしておられました。彼女が言ったことばです。

「主人を喜ばせることが私の喜びです。」

結婚生活で、いろいろな方法で相手を喜ばせることができるでしょう。そして、人をしあわせにすると、それが自分にも返ってきます。ここに仕える喜びがあるのです。しあわせは遠くにあるのではなく、一番近くのあなたの家庭にあります。

考えてみましょう

・あなたはパートナーに、どのようにしてほしいと期待していますか。
・あなたはパートナーに、何をしてほしいと期待されていると思いますか。
・あなたがパートナーに仕えて嬉しかったのは、どのような時でしたか。
・パートナーのために、あなたができることは何でしょうか。

愛の言語Ⅳ　プレゼントを贈る

プレゼントをもらうのはだれにとっても嬉しいことです。特に、女性にとっては大きな意味があるようです。女性は婚約指輪を大切にします。男性には婚約指輪はありません。コンサートで女性の演奏者に花束がプレゼントされると、満足そうに笑みを浮かべます。昔、プロレスがテレビのゴールデンタイムで放映されていたとき、レスラーに花束が贈呈されました。ところが、その花束はしばしば相手レスラーを叩く道具になってしまいました。

プレゼントをするときには、何を贈ろうかとその人のことを考えます。また、買うために時間とお金を使います。プレゼントをもらうことは、送り手の配慮、犠牲を受け取ることになるわけです。自分のことを考えてくれているという気持ちが伝わってくる時です。

婚約時代は、相手を喜ばせようといろいろプレゼントを考えたかもしれません。しかし、いつのまにかプレゼントを贈ることを忘れてしまっていないでしょうか。「釣った魚に餌はいらない」ということばがありますが、これを夫婦関係に当てはめると悲惨なことになります。

プレゼントを贈る場合、秘密にしていたり突然にしたりすることで、相手に思わぬ喜びを与えます。

記念日に贈るプレゼントと、記念日を作って贈るプレゼント

プレゼントを贈る記念の日は、一年のうちで何回もあるわけではありません。その日は、プレゼントを贈ることで愛を伝える日となります。子どもが小さい時には、家族で誕生会をするとどうでしょう。子どもは目を輝かせ、嬉しさを顔と体いっぱいに表現します。何をプレゼントしても大喜びです。愛されていることを胸いっぱいに感じているからです。

このような経験をもっている人は、大人になってもそうしたお祝いを期待するものです。それがないと、何か自分が大切にされていないのではないかと感じることがあります。いろいろな記念日を忘れないで、お祝いすることです。そして、お祝いには、食事とプレゼントがあります。誕生日、結婚記念日、クリスマス、バレンタインデー等。子どもの時に誕生日を祝ってもらった時の感激を思い出してください。

さて、決まった記念日だけでなく、特別に二人で記念日を作ることで、喜びの機会を増やすことになります。二人が初めて出会った日、プロポーズした日などです。二人だけの日がいろいろとあるはずです。

誕生日の失敗談

花を贈るなら、切り花よりも鉢植の花のほうがよいと私は思います。切り花は数日で枯れますが、鉢なら長くもつからです。多年草なら次の年にも花が開きます。ところが、妻はもらうなら切り花のほうがいいと言います。ある年の誕生日、駅前の花屋の店頭でセールの安い花を買いました。花の名前さえ覚えていません。しかし妻はすぐに、私がお金をケチってあまり良くない花を買ったことに気づきました。そして、「こんなものなら、もらわないほうがいいわ」と言いました。

妻があるとき、私の誕生日に財布をプレゼントしてくれました。けれども、それを見て私はがっかりしました。本皮ではなく合成の安物だったからです。私も言いました。「こんなものなら、もらわないほうがいいよ。」

妻は言いました。「そう、じゃあ、あなたのためには何も買わないわ。」

がっかりしたときに、あるいは喜んでもらえないで文句を言われたときに言ったことばは、「もういらない」、「もう買わない」でした。でも、本心はそうではありません。「私のほしいものをもっと考えて。喜ばせて」なのです。小さい時には、プレゼントが何であっても、親が自分のために用意してくれたものはそれなりに嬉しいものです。

しかし、大人になると、贈り主の思いを察するようになります。本当に自分のことを考えて準備してくれたのか、適当に準備したのではないか、安くすまそうとしたのではないか等と考えるのです。大人である私たちは、プレゼントの内容以上に、贈った人の気持ちに心が向くわけです。

プレゼントを贈ることは、愛を伝える良い機会です。

プレゼントにはお金を払うという葛藤がつきまとう

もし私たちが大金持ちならば、パートナーのために好きなものを金銭的に何の制約もつけずに買えるでしょう。ところが、そんなに使えるお金があるわけではありません。自分のものを買うときには、そんなに躊躇しないかもしれません。しかし倹約家なら、高価なものをパートナーのために買うとなると葛藤を覚えるでしょう。

でも、もし相手を喜ばせたいなら、パートナーが喜ぶものを贈ることです。そして喜ぶのを見れば、こちらの心にも喜びが湧いてきます。パートナーが贈り物を見て、それが本当に自分のほしいものであったなら、その表情は普段見られないものになるでしょう。プレゼントには不思議な力があるのです。

食事をプレゼントする

関係がギクシャクしている人と仲良くなりたいなら、食事をご馳走することです。人はおいしいものを食べた後では、文句を言いづらくなるからです。食事を共にすることは、親しい関係でなければできません。また、食事を通して親しくなることができます。

人は何かをプレゼントされると文句を言えなくなります。ですから、企業には接待の飲食があり、多くの企業が政治家に多額の政治献金をするのです。

ときどき二人で外で食事をしましょう。おいしい物を食べさせてあげてください。文句が減ることでしょう。

あなた自身が強いプレゼントになる

プレゼントはその人の形見のようになります。それを見るときに、思い出すことができます。もしその人が嫌いになったら、プレゼントを捨ててしまうかもしれません。つまり、プレゼントはその人の分身のようなのです。分身にそれだけ力があるとしたら、本体であるその人自身がそばにいることはどんなに力強いことでしょう。ゲリー・チャップマンは、「あなたのパートナーが危機に瀕している時に、いっしょにいてあげることは、最も力強いプレゼントとなる」と言っています。最後まで、その人の味方となり、支援者となってあげることです。

いのちの一部を与えるのが愛

『生き方上手』を書いた日野原重明先生が、患者に接することは「自分の命を与えていることだ」と言っておられます。いのちは何年生きるという時間で考えることができます。その限られた時間の一部をその人のために使うのだから、自分のいのちの一部を削っていることになるのです。

聖書では、「夫たちよ。キリストが教会を愛し、教会のためにご自身をささげられたように、あなたがたも、自分の妻を愛しなさい」(エペソ人への手紙五章二五節)と、夫に対して、妻のためにいのちを捨てるほど愛せよと命じています。いのちを捨てないまでも、その一部である時間を与えることは大切な愛の表現です。

私たちは何のために、だれのために自分のいのちである時間を提供しているでしょうか。いのちを削っているでしょうか。神が私たちに与えてくださった家族に、パートナーに時間を与えるべきではないでしょうか。

ところで、イエスさまは私たちのために、時間ではなく、まさにいのちを与えてくださいました。このことは私たちに対する最大のプレゼントです。キリストの愛を覚え、家族を愛していけたらと思います。

考えてみましょう

・子どものころ、どんなプレゼントをもらったか覚えていますか。
・婚約時代にもらったプレゼントで、何に感激しましたか。
・何を贈ったら、パートナーは喜ぶと思いますか。
・二人のために、どんな記念日を作ることができますか。

愛の言語Ⅴ　触れ合うこと

夫婦に許された触れ合い

結婚前に、『夫婦のための豊かな性生活の手引き』（柿谷カウンセリングセンター発売）というテープを聴きました。その中に、「夫は妻のどこにでも触れることができるのです」とありました。これを聞いたときに、胸がどきどきしたのを覚えています。夫は妻が望むならば、どこにでも触れることができるのです。しかし、年とともにその触れ方は変わっていきます。年をとっていけば、思いやりを示すための触れ方に変わっていくでしょう。

触れることは愛を伝える一つの方法である

相手が突然の悲しみに会ったとき、どうしますか。その人を抱きしめてあげるのではないでしょうか。思いもよらない喜びが訪れたら、どうしますか。抱き合って喜ぶでしょう。つまり、肉体的な接触は強い情動の伝達方法なのです。子どもに愛を伝えるときには、なでたり、抱いたり、ほおずりをしたりします。これは万国共通です

（国によっては頭を触ってはいけないようですが）。つまり、人は身体の接触で感情を伝えるのです。

子どものころに両親がどのように肉体的に接触したかが、大人になってからも影響します。あなたの親がその愛情を体の接触で表現したならば、パートナーに対してもそのようにしてほしいと願うでしょう。子どもに対しても自分がされたように、情動を肉体の接触でもって表すでしょう。

もしも夫婦が触れ合うことをやめてしまったら

もしも夫婦が触れることをやめたり、あるいは、そうされることを拒否したりしたら、自分は愛されていない、自分は拒まれている、愛が冷えてしまったと感じるでしょう。触れ合うことは機械の潤滑油のようなもので、二人の関係を潤す大切な役割を果たします。これは、夫婦、親子以外の関係ではありえない特別なものです。

私の大学時代に「人間関係」という授業があり、課題が出されました。全く知らない人と、夫婦のことについて話し、レポートを出しなさい、というものでした。バスの停留場で、初老の人に思い切って尋ねてみました。見ず知らずのその人は快く応じてくれました。夫婦でうまくいかなくなった時にはどうするのかという質問に対して、その方は、「夫婦には、寝室での交わりがある。たとえうまくいかないことがあっても、元に戻ることができる」と言われました。夫婦は他の人間関係とは違うものなんだとその時思いました。

夫婦だけができる肉体的な接触

夫婦関係とは、父母を離れて一体となることです。この一体とは、肉体的に、精神的に、霊的に神の前に一つとなることです。それが具体的な形で表されるのが、性の交わりです。男性の最も神経が敏感な部分と、女性の最も神経が敏感な部分が触れ合い、そして結合する時に、夫婦の一体が具現化されるのです。夫婦が一体となるから性の交わりがあり、性の交わりがあるから、夫婦は一体であることを確認することができます。キスすること、抱き合うこと、愛撫すること、性の交わりをすること、これは夫婦だけに与えられた触れ合いです。仮に夫が他の女性に意図的に触れたとします。それは、夫婦において大問題となります。

神が夫婦に与えてくださった性

人は様々なことで傷つきます。人間関係を維持するのは非常に難しいことです。夫婦という親密な関係では、喜びも多いのですが、傷つけ合うことも少なくありません。もういっしょにいたくないと思うこともあります。そのような私たちに神は性を下さったのです。普通の人間関係ならば、つらくなったら会わなければよいのです。しかし、夫婦の場合はそうはいきません。距離を置いて接しようと思っても、性の交わりによる開放感を知っています。自分を開放して受け入れられたい、異性と一つになりたいと思います。そして、ちょっと疎遠な関係になっても、性の交わりで親密な距離にまた戻ることができます。ですから、夫婦は互いに、肉体的に近づこうとする相手を拒否してはなりません。

触れることは精神的な距離の近さを意味する

夫婦が親密な関係を維持していれば、それを表すために自然に手を握ったり肩を抱いたりするでしょう。関係が疎遠ならば、手の届く所に近づいて来ただけでも警戒するようになるでしょう。

精神的な距離を近くしたいために、肩に手を置いたりすることもあります。触れることは、互いに気持ちを通じ合わせたい、相手のそばにいたい、という思いが形になったものです。また、それは、性の交わりを通してさらに一体感を強めたいというサインとなることもあります。互いに相手が何を求めているかを察しなければなりません。よくあるすれ違いは、女性が触れ合うことを求めているのに、男性のほうが性の交わりだけにしか思いがいかなくて、かみ合わなくなることです。

触れることはとてもセンシティブな行為

触れられることはある時には心地よいことです。しかし人によっては、触れ方、触れる時によって不快に感じます。触れることは愛を伝える手段ですが、相手の嫌がる触れ方をすれば、親密感ではなく嫌悪感を引き出します。強く触れることで、相手に暴力的なものを感じさせることもあります。ですから、触れ方はそれぞれの夫婦で決めるべきです。互いに望まないことは避けるべきです。

では、パートナーが喜ぶ触れ方はどうしたらわかるのでしょうか。それは、相手に聞いてみることです。また、試してみることです。その夫婦特有の触れ合いがあると思います。

触れるとは、様々な形で表されます。手をつなぐ、肩に手を置く、寄り添う、簡単なキス、ハグ（抱くこと）、マッサージ、愛撫、性の交わり等。肉体的接触というと、男性は特にコンプリートセックスと言って完全な性交に至ることを考えがちです。けれども、いつもそうならなくても、いろいろな形で触れ合うことで愛が伝わります。

国によって習慣が異なる

日本人は人と触れ合うことをあまりしません。挨拶は、頭を下げるお辞儀です。しかし昔から政治家だけはやたら握手しています。ロシアへ他国の国家元首が訪問したとき、男同士でも頰と頰をつけて挨拶しているのをテレビで見ました。アメリカ人は、女性から男性に対して親しみを表すためにハグします。私はいまだに慣れません。妻以外の人からハグされるととまどってしまいます。

このハグということばですが、日本語の訳がありません。直訳すると「抱く」になりますが、日本語で「異性を抱く」とは、肉体を密着させること、セックスに至る接し方をイメージします。しかし、英語のハグは、肩を両腕で包む挨拶のような感じです。

アテネオリンピックで女性選手が男性のコーチと抱き合う姿がよく映されました。

一世代前にはなかった光景です。時代は変わってきています。年配の夫婦で手をつないで歩いている姿もよく見かけるようになってきました。子どものころは親や友達と手をつないで歩いたのですから、私たちが一番受け入れやすいものの一つではないかと思います。手をつないで歩くことは、共に人生を歩んでいることを示す良い例ではないでしょうか。それぞれの夫婦が好む触れ合いがなされていくとよいでしょう。

自分の願いがパートナーに通じないことがあっても

私の母は、私の寝るときに頭や顔をなでてくれました。妻が横になったときに、同じようにして私が彼女の顔をなでてやると怒り始めてしまいました。彼女にとっては不快だったのです。彼女の両親は二人とも教師で共働きでした。彼女の面倒は、祖母がみていました。ですから、両親との関係が私の場合と違ったのです。彼女は泣くときには、ひとりで泣きたいのです。小さい時にそのようにしてきたからです。

あるとき、子どもが泣いていました。「かわいそう、かわいそう」と言って、私は子どもの涙を手でぬぐってやりました。そこで、わかったのです。私の母は私が泣いたときはいつも「かわいそう、かわいそう」と言って、手で涙をぬぐってくれたのです。それで、私も同じようにしたわけです。つまり、私は涙を流したときに、最も近くにいる妻にハンカチをもらうのではなく、手で涙をぬぐってもらうことを望んでいるのです。なぜそうされるとき嬉しいのでしょうか。「おまえの悲しみをわかっているよ」「もう、大丈夫だよ」「私がおまえの味方だよ」という強いメッセージが伝わってくるからです。

妻の小さい時の話を聞いてから、人はみな違うことがわかりました。期待してよいことと、期待してもしかたのないことが、夫婦にもあるのです。

さて、聖書には、天国に私たちが招かれる時のことが数か所記されています。ヨハネの黙示録七章一七節に、「神は彼らの目から涙をことごとくぬぐい取ってくださる」とあります。

神が目の涙をぬぐい取ってくださるとは、まさに、私が涙を流したときに、妻に手で涙をぬぐってほしいと願う、その行為に通じます。神は天国で「あなたの悲しみをわかっているよ」「もう、大丈夫ですよ」「わたしはあなたの味方ですよ」、そして、「もう泣かなくてもいいよ」と慰めのことばを与えてくださいます。天国では神と私たちとの関係が、夫と妻の関係のように親密であると書かれています。そして、まさに触れ合いのような愛があることが書かれています。

私たちの神と私たちとの関係はすばらしい愛の関係です。この神の愛を夫婦の間で表現していけば、すばらしい夫婦関係になっていきます。

イエスさまの愛のまなざしになって、パートナーに同情する。

愛の耳になって、パートナーの話を聴く。

愛の唇になって、パートナーを励まし、慰める。

愛の手になって、パートナーに仕える。

愛の足となって、パートナーとともに歩む。

愛の腕になって、パートナーを抱きしめてあげる。

神から与えられたパートナーに愛を示していきましょう。

考えてみましょう

・あなたがたは触れ合いの多い夫婦だと思いますか。触れ合うことが多くなってきましたか。少なくなってきましたか。

・パートナーからどんな時に触れられると、嬉しいでしょうか。

・パートナーに愛を伝えるために、どのような触れ方ができるでしょうか。

第*2*章　自分を変えるための五つのスピリチュアルなこと

夫婦関係をよくするには、まず自分が変わること

インターネットの調査会社が夫婦円満の調査を行いました。その項目の中で、「夫婦間のコミュニケーションを円滑にするためにしていることは?」の質問に（複数回答）、「車で買い物に行く」（六七%）、「ご飯を食べる」（五九%）、「記念日を祝う」（五九%）、「携帯電話での会話やメール」（四二%）でした。年代別では二十代は買い物やご飯、記念日でしたが、三十代、四十代では「子どもの行事に参加する」、五十代以上では「家族旅行」が多かったということです。これまでに書いた「五つの愛の言語」で説明したことが反映されていることがわかります。お互いの愛の言語を見つけて実行することです。実行すれば確実に効果があります。以上はハウツーでした。

次に大切なことを紹介します。それは自分が変わることです。確実に相手を変えたいのなら、まず自分が変わることです。自分の心、態度、見方が変わることです。人を変えるのは至難の業ですが、私たちは自分を変えることはできるのです。

自分を変える五つのこと

自分を変える五つのこと、これは「五つの愛の言語」のように実践して、即効果が出てくるというものではありません。けれども、さらに豊かな夫婦生活を送るために、成長するために重要なものです。

1　祈ること

「(夫婦は)いのちの恵みをともに受け継ぐ者」(ペテロの手紙第一、三章七節)と書かれています。神さまは夫婦に特別な祝福を用意しておられます。そのためには夫婦が一致していなければなりません。恵みを受け取るために、私たちができることは何でしょうか。それは祈ることです。

相手ではなく自分が変わるように祈る

では、私たちは何を祈るべきなのでしょうか。世界が変わること、人が変わること、神さまが私にうまく働いてくださることでしょうか。確かに神の力は偉大であり、祈りは世界を変えると言われています。しかし、まず大切なことは、自分が変わるように祈ることです。

夫婦喧嘩をしたとき、どう祈りますか。思い出すのも嫌で、祈らないこともあるでしょう。自分中心に、「神さま、妻が反省するように」「妻がいかに間違っているかを悟れるように」などと祈ることもあるでしょうか。けれども、「神さま、いたらない私、怒ってしまった弱い私を赦してください。妻にやさしくできるように愛を下さい」と祈るべきではないでしょうか。

祈るべきはまず自分が変わるように、ということです。自分が変われば、相手も変わるのです。先に述べたように、人を変えるのは容易なことではありませんから。もしも夫婦が互いに自分が変わるようにと祈ることができれば、確実に二人は成長します。そのためには、まず、あなたから祈ることです。

パートナーのために祈る

J・M・ドレッシャーが『若い父親のための10章』（いのちのことば社）の中で、「家族のために祈ることをやめること」について書いています。「祈ることをやめる」とはどういうことでしょうか。

実は、私たちはいつのまにか、祈りの中で説教したり指示したり、願いを家族にぶつけていたりするのです。家族がこうなるように、ああなるようにと、自分の願いを押しつけています。そのような自己中心な、家族に説教するような祈りをやめるべきだというのです。そして、そのような祈りをやめたときに、子どもが良くなったとドレッシャーは書いています。しかし、彼は家族のために祈ることをやめたのではありません。家族に対する期待や願いを祈るのではなく、家族のために神に感謝する祈りを始めたというのです。

さて、あなたはパートナーのためにどのように祈っているでしょうか。自分の期待や願いではなく、相手の幸福のために、必要のために祈っているでしょうか。「愛の言語」の中で「肯定的なことば」がありましたが、相手のために祈ることは、大きな励ましを与えます。とかくどういうわけか、子どものためには祈っても、パートナーのためには祈らなくなってしまいます。二人になったとき、二人で食事をするとき、相手のために祈りましょう。特に、困難に直面しているときには、相手にとってどんなに大きな励ましになることでしょう。

家庭集会に、若い女性が出席されました。その方は、それまで教会に行ったことも、聖書を開いたこともないということでした。集会では、感謝することについて学びました。彼女は自分が夫に対して感謝の思いを伝えていないことに気づきました。その日、なんとか、自分が感謝していることを伝えたいと思うようになりました。そこで夕食の時に、「あなた、きょう私は感謝ということについて学んだのだけど、感謝の祈りをしてもいい？」と言い、夫について神さまに感謝の祈りをささげました。生まれて初めての祈りです。しどろもどろになりました。けれども、夫が感動したことは言うまでもありません。

2　ハードルを低くする

ギクシャクしている夫婦の訴えにそれぞれ耳を傾けてみると、問題自体は案外たいしたことではないことがわかります。小さな事が積もり積もって、もうちょっとで爆発しそうなところにきて、最後のほんの小さな事が引き金となって、ドカーンというケースが多いからです。理由をよく聞いてみると、引き金になったことがあまりに些細な事なので、それだけを聞いた人は、「そんなことぐらい我慢すべきでしょう」という意見を述べるでしょう。

そんな小さな事の積み重ねをどうしたらよいのでしょうか。

ちょっとハードルを低くしてみることです。相手を見る基準を低くくすることです。「さばいてはいけません。自分がさばかれないためです。あなたがたは、自分がさばく、そのさばきでさばかれ、自分が量るその秤で量り与えられるのです。あなたは、兄弟の目にあるちりは見えるのに、自分の目にある梁には、なぜ気がつかないのですか。兄弟に向かって、『あなたの目からちりを取り除かせてください』と、どうして言うのですか。見なさい。自分の目には梁があるではありませんか」（マタイの福音書七章一～四節）。

あなたは、自分は相手よりも愛情が深く、思いやりがあり、責任感が強いと思っておられるでしょう。ですから、足りない相手を見て、我慢ができなくなるのです。しかし実際は、自分もそんなに立派ではないのです。

どうして夫は妻を、妻は夫を誉めないのか

子どもが失敗したときには、あなたは「子どもは失敗をして学ぶものだ」と考え、それほど叱らないかもしれません。しかし、いざそれがパートナーだとなると赦せなくなります。自分のパートナーは、自分に見合った者でなければならない。そのためには、失敗など許されるべきではないと考えてしまうのです。しかし、実際あなたも失敗します。

「愛の言語」の最初は、「肯定的なことば」でした。誉めることでした。しかし、どうして自分のパートナーを誉めないのでしょうか。それは正しい評価をしたいからです。正しいといっても自分の基準があります。その基準によるなら、誉めることができないのです。誉めるということは、自分の正しいと思っている基準を下げることになるのです。子どもを素直に誉められるのは、基準を低くしているからです。この基準が高いと、何をしても誉めることができません。かえって何をしてもケチをつけることになります。相手を見るときの基準を、もう少し低くできないものでしょうか。

お似合いではないか

夫婦関係のことで相談に来る方はまず、相手のことを徹底的に批判します。聞けば、

確かにパートナーがどんなにひどい人かがわかります。ほとんどの場合、自分は相手と比べれば善良な人間だと言います。しかし概して、相手を見る目が厳しすぎるように感じます。そして自分を見る目が甘いのです。バランスが取れていません。相手を見る基準を低くし、自分を見る基準を高くすると、案外お似合いの夫婦なのです。

世の中には、自分よりも人格的にもあらゆる面で、はるかにすぐれている人がいます。でも、そのような人を私たちはパートナーに選びません。ふさわしくないからです。結婚するときには、自分に似合う人を選んでいるのです。

私はよく次のようなアドバイスをします（女性に話す場合）。

「あなたのご主人は確かに非常に良い夫ではないかもしれません。しかし、非常に悪い夫でもありません。普通よりもちょっと悪い夫かもしれません。そして、あなたは確かに悪い妻ではありません。しかし、非常に良い妻でもありませんよね。普通よりもちょっと良い妻かもしれません。お互いに人格者ではありませんよね。ならば、ちょうどお似合いではないでしょうか。」

納得される方は多いようです。

3　怒りの処理

うまくいっている夫婦は、感情が激してきても、怒鳴り合わないようにしています。また、互いに衝突を避けるようにし、相手を爆発させないように心がけています。怒りは人を愚かにします。分別をなくします。それをどこかにぶつけなければ収まらないということになると、やがては暴力に走ってしまうかもしれません。

怒りのパターン

何年もいっしょにいる夫婦なら、このことばを言えば相手は怒りだすだろうという予測も立ちます。そうであれば、そのことばを発しないようにすべきです。また、不愉快な思いになると感情が爆発してしまうようでしたら、そのことを意識して、感情的にはならずに、相手に自分の思いを伝えるようにします。あなたの夫婦喧嘩のパターンを分析してみてください。だいたい一つのパターンがあるはずです。こう言えば、ああ言う、ああ言えば、怒りだす。そのパターンを変えるのです。怒りを爆発させないで、感情をうまく処理していくよう工夫することです。それをしないで何十年も、同じように喧嘩をしている夫婦は意外と多いのです。

衝突する理由には、多くの夫婦に共通点があります。たとえば、時間を守らないことがあります。車を出す約束の時間に妻が来ないと、「いつも君は遅刻するんだからな！」といって怒りだすことがないでしょうか。そうなると、自分で自分を静めるのに時間がかかります。せっかくのその後の時間が不機嫌に終わってしまいます。もしも車の中で静かに待ち、奥さんに笑顔を示せば、きっと自分が悪かったと反省してくれるでしょう。（いつも反省するとは限りませんが。）飛行機に乗り遅れたわけではないのですから、そんなに深刻になる必要はないのです。そして、残りのその日を楽しんだほうがだんぜん得です。怒らないですませるよう、ちょっと工夫してみてください。

「愛は寛容であり、愛は親切です。……苛立たず……すべてを信じ、すべてを望み、すべてを忍びます……」（コリント人への手紙第一、一三章四〜七節）。

とにかく、愛は怒らず、です。

「怒っても、罪を犯してはなりません。憤ったままで日が暮れるようであってはいけません」（エペソ人への手紙四章二六節）。

また、怒ることがあっても、その日のうちに怒りを収めるように勧められています。

和解する力を育てる

こじれてしまった人間関係を修復するのは、簡単なことではありません。壊すこと、感情を爆発させることは容易です。けれども、和解するには大変なエネルギーが必要です。自分が変わらなければなりませんし、相手もそれを受け入れなければ和解にはなりません。夫婦関係が怒りによって一時的に壊れることもあります。それを修復するには、その何倍もの時間と労力が必要かもしれません。

夫婦関係で大切なことは、喧嘩をしないことではありません。行き違い、誤解、失敗があれば、当然、喧嘩になることもあるでしょう。その時にいかに和解できるかということが大切なのです。夫婦という親密な関係の中に、小さな問題といえる火種が舞い降りることがあるでしょう。これはどこの夫婦も避けられないことかもしません。小さな火は大きくなる可能性があります。しかし、小さな火は小さいうちに消すことができます。それが和解の力です。

和解する力は、夫婦の間で築き上げられていくべきです。二人の関係が悪くなったときに、一方が、話し合うことを提案したり、謝ったり、和解の努力をしようとします。その時には心を開き、差し伸べられたその手を取るのです。もしも差し伸べられた手を振り払い、相手に強いダメージを与えるようなことがあれば、和解の時をもつのはさらにいっそう難しくなります。相手が少しでも戸を開いたのなら、こちらもその戸を開かなければなりません。夫婦はお互いにこの和解の力を築いていくのです。

4 赦す

赦しはとても大きな問題です。クリスチャンの結婚生活に関する本には必ず出てくる項目です。つまり、パートナーを赦せなくて幸いな結婚生活が送れない夫婦が多いのです。パートナーに裏切られた、秘密をもっていた、失望させることをされた、ひどい仕打ちをされた、傷つけられることを言われた等、相手を赦せない思いが残っていて、それを心の奥に押し込んでいることがあります。それらを忘れてしまわないと前には進めません。赦していないと、無意識にいつも過去に戻ってしまいます。未来に向かって生きなければならないのに、過去に生きることになります。また同じことが起こるのでは、という疑いと不安をもつことになります。

赦しとは、感情の問題ではなく意志の問題です。感情で赦せるようになったら赦そうと思うでしょうか。感情はなかなか赦す方向には向きません。過去に戻って赦せないほうへと向いてしまいます。赦しとは、意志の問題なのです。あなたが自分の意志で赦すか赦さないかなのです。赦すときに、夫婦は前進します。

赦せないということ

相手が約束を何度も何度もやぶるので、赦せないのでしょうか。ある女性にとっては、洗濯物をきちんとカゴに入れてくれないことが赦せませんでした。夫がそうしてくれないのは、自分に嫌がらせをしていると考えます。しかし、夫はただ単にそうするのを忘れているだけなのです。カゴをお風呂の脱衣所に置き、だれでも守れる約束に変えたらよいのです。赦せないという内容を検討してみる必要があります。

あなたが赦せない問題とは、夫婦生活を破壊するような深刻なものでしょうか。もしもそうならば、相手ときちんと向き合い、話し合うことが必要です。

パートナーが不倫をしていたことがわかったときには、特に深刻です。夫婦関係を壊してしまう侵入者が入ってきたことになるからです。もしパートナーがそれでも夫婦関係を続けたいと言ってくるなら、そのときはこちらの決断が求められてきます。パートナーが不倫関係をまだ続けているのなら、まずそれを断つよう要求しなければなりません。多くの場合、浮気の原因は夫婦間の隙間です。ただ相手だけを責めても解決にはなりません。人は責めれば責めるほど意固地になり、かえって自分の非を認めなくなります。こちらは、夫婦生活を再スタートする用意があるが、あなたはどうですか、という提案が必要です。つまり、今度はあなたの決断ですよと問い返すのです。そして、責任を取ることを考えさせるのです。そのためには、こちらも相手を赦さなければなりません。

「そのとき、ペテロがみもとに来て言った。『主よ。兄弟が私に対して罪を犯した場合、何回赦すべきでしょうか。七回まででしょうか。』イエスは言われた。『わたしは七回までとは言いません。七回を七十倍するまでです』」（マタイの福音書一八章二一、二二節）。

神様は私たちに「あなたはイエス・キリストの十字架によって赦されたのだから、人を赦すように」と勧めておられます。

九八％の信頼にする！

ノートルダム清心女子大学学長をしておられた渡辺和子氏が、「どれほど愛し合っていても、相手を一〇〇％信じては駄目。九八％にしておきなさい。残りの二％は相手を赦すために取っておきなさい。……それは初めから疑ってかかるということではなくて、もしも一〇〇％信じてしまったら、裏切られたとき、相手が赦せなくなるから」と学生に話したそうです。

夫婦の間では、二％ではなく五％は赦しのために取っておくことが必要かと思います。相手が裏切るわけではないのですが、私たちは不完全ですから、どうしても、傷つけられたり、誤解したりします。思うとおりにしてくれないことが出てきます。そして、赦せない、赦せないと嘆くことになります。その赦せないと思うときのために、赦しを取っておくのです。その五％が温かい心、人を包んであげる心、人の弱さを覆ってあげる思いやりになるのです。

5　試練を夫婦の成長の時とする

人生にはだれにでも試練が来ます。そして、どの夫婦にも試練が来ます。子どものこと、病気、事業の失敗、両親の問題、経済的な問題……。それらを通して夫婦関係が試されます。この人生の嵐は、覆われていたものを吹き飛ばして真実を明らかにします。たとえば、子どもの問題は夫婦にとって大きなことです。学校に行かなくなる、病気になる等の問題です。その時には、今までとは違った対応をしなければなりません。よく話し合わねばならないでしょう。口論になることもあるかもしれません。しかし、これを二人で乗り越えたときには、さらに夫婦の強い絆が築き上げられます。このように、試練を二人の成長の機会にできたら、幸福な夫婦と言うことができるでしょう。しかし逆に、夫婦の問題でなおざりにしてきたことが表面化して、協力して乗り越えることのできない夫婦もいます。子どもが小児科病棟に入院した場合など、夫婦が協力しているところとそうでないところを見ることがあります。

子どもの問題は家族の問題

カウンセリング療法で、「家族療法」と呼ばれるものがあります。この考え方では、子どもが問題を起こしたときには、それを家族全体の問題ととらえます。決して子ども、あるいは母親の個人的な問題としません。ですから、だれが問題人物かという犯人捜しをしません。問題を家族の成長のためのものと考えるわけです。家族は成長するものという前提に立ち、それが妨げられているときに、家族のだれかが代表して問題を表していると考えます。ですから、家族全員が変わらなければ問題は解決しないし、全員が変われば家族が成長することになるのです。

家族に試練が訪れたとき、夫婦はそれを良いものに変える努力をするのです。夫と妻のどちらかが非難されるようなことにぶつかります。その時に、これは個人の問題だから彼（彼女）に頑張ってもらうしかない。「これはいつか通らなければならない彼（彼女）の試練だ」と静観することができます。この時とばかり、「そのとおりだ！」と言って追い込むこともできます。しかし、これは夫婦に与えられた試練と考えるべきです。この時のために、私たちが夫婦として存在しているのです。痛んでいる者を慰め、励まし、協力して、夫婦が成長する機会とするのです。

「試練は夫婦の絆が強くされる機会」「試練は夫婦が協力を学ぶ良い機会」「試練は家族が成長する良い機会」としなければ、試練の意味がありません。レモンがすっぱければ、二人でレモネードを作ろうではありませんか。

深刻に受けとめすぎることがある

試練といっても、人によって受けとめ方が違います。人によって忍耐する力が違いますし、分野によって過敏に反応するものがあります。生まれ育った環境、性格によって違ってきます。また、その人のコンディションによっても受けとめ方が違います。疲れている時、ストレスが多い時、更年期など、ちょっとしたことにも過敏になりがちです。人の言った一言にも過敏に反応してしまうことがあります。

そのようなとき、やはり夫婦で乗り越えなければなりません。パートナーの話をよく聞いて受けとめなければなりません。そして、性急な行動をしないように落ち着かせなければなりません。このようなときには意見が違ってくるので、感情的になることもあります。時間が必要ですし、受けとめる忍耐を要します。

ユーモアの力を育てる

物事を深刻に受けとめすぎているとき、ユーモア一つで事態がガラリと変わってしまうことがあります。

エンジョイ（Enjoy）ということばは、エンとジョイが結びついたことばです。その意味は、「喜びにする」です。強いられて歩いたり走ったりするならば、つらいだけです。しかし、人は歩くことを楽しみます。それを散歩といいます。走ることを楽しみます。それをジョギングといいます。私たちに降りかかってくるものをエンジョイする。つまり、喜びに変えられたら、人生はすばらしいものになるでしょう。

「私の兄弟たち。様々な試練にあうときはいつでも、この上もない喜びと思いなさい。あなたがたが知っているとおり、信仰が試されると忍耐が生まれます。その忍耐を完全に働かせなさい。そうすれば、あなたがたは何一つ欠けたところのない、成熟した、完全な者となります」（ヤコブの手紙一章二〜四節）。

試練は嫌なものです。しかし、それを忍耐することで私たちは成長することができます。私たち個人が成長するためには、試練はなくてはならないものです。そして、夫婦にとっても、試練が必要なのです。そのような見方、考え方によって、試練をも喜びに変えることができます。

ユーモアには物事の見方、考え方を変える作用があります。アルフォンス・デーケン氏は、「ほんとうのユーモアとは、自分が苦悩や悲嘆の渦中にあるとき、『にもかかわらず』、相手のために、心温まる雰囲気をつくろうとする、やさしい思いやりのあらわれです」(『中高年の危機と挑戦』女子パウロ会、七四、七五頁)と説明しています。

人生には様々な嵐が襲ってきます。時には二人とも落ち込むことがあるでしょう。しかし、多くの場合、夫婦の一方がより深刻に受けとめてしまいます。その時に、一方がユーモアをもって接すれば、見方も変わり、苦しみも軽くなります。そこまで落ち込まなくていいんだと思えてきます。希望が見えてきます。このユーモアの力を育てていくことができれば、大きな力となります。

ユーモアは、良いこと、嬉しいことだけを認めて、悪いこと、つらいことに目をつぶるというのではありません。何も考えないで、すべてを笑い吹き飛ばすという安易なものでもありません。悲しみがあるけれどもその先に喜びが、苦しみがあるけれどもその先に解放が、死があるけれどもその先に復活があるということを認めることです。夫婦は弱い人間のペアです。足りない人間のコンビです。未熟な混合ダブルスです。現実を考えると、夫婦関係には問題だらけです。しかし、ユーモアによって二人の未来を見ることができます。二人で生み出されるものを見ることができます。失敗をも二人で笑うことができるのです。

さらに幸いな夫婦に、豊かな夫婦関係に、成長していきましょう。

考えてみましょう

・パートナーのためにどのように祈りたいと思いますか。
・パートナーを見る基準はどうでしょうか。どの点で厳しすぎるところがありますか。
・パートナーのことで怒ることが少なくなってきたでしょうか。どのように変わってきたでしょうか。
・これまで家族の試練を通してどのように成長してきたでしょうか。
・これまでどんなユーモアに二人は助けられましたか。

第3章　カウンセリングの現場において

カウンセリングの場で教えられたこと

これまで、問題を抱えておられる夫婦の方々のカウンセリングをしてきました。その中で、その夫婦の助けになったこと、また私自身が学んだこと等をお伝えしたいと思います。

カウンセリングに来るまでの過程

まず、カウンセリングに来たこと自体が解決への大きな一歩です。なぜなら、自分のこと、家族のことを他人に話すことは、そう簡単なことではないからです。これまで我慢し、他人には隠してきた自分のことを人に話すのを、プライドが邪魔をするからです。そこでは自分が批判されるのではないかという恐れが働きます。けれども、いよいよ行き詰まりを感じて、まさに最後の手段としてカウンセリングを受けることを選ぶのです。

来所された方には、これまで努力してきたことが何も役に立たなかったという悲壮感、絶望感があります。離婚の道を安易に考えてしまっています。何をどう相談したらいいかもわからなくなっています。

けれども、とにかく、自分と自分たち夫婦のことを客観的に見てくれる第三者に話すことができたことは大きな一歩です。夫婦カウンセリングは、一般的な夫婦のあり方を話すものではなく、また、良い夫、良い妻はこのように問題を解決すべきだという教訓を示すものではありません。カウンセラーはその痛みに共感しながら、今ある状況をそのままお聴きします。もちろん、まとまった話にはなっていないかもしれません。そのように話ができるくらいならカウンセリングにわざわざ行ったりしないでしょう。そこでは夫婦間のどろどろの話になることでしょう。話していくうちに何かが見えてくることがあります。けれども、そんなことは稀です。迷っていることをまず口に出して表現してみることから始まります。

夫婦でカウンセリングに来ることができれば解決が早い

カウンセリングに来られる方々には、夫婦でいっしょに生活している場合と、すでに別居している場合、いっしょに住んでいても部屋が別々で過ごしている、いわゆる家庭内別居の場合とがあります。

夫婦の心理的距離は地理的距離と関係があります。すでに別居していて互いに離婚を考えている場合は、心理的にも距離ができています。そのような夫婦はカウンセリングにいっしょに来ること自体、非常に困難です。しかし、それぞれ何とかしたい、あるいは、一方が無理にでも連れて来られた時でも、二人で来た場合には、修復が十分に可能であるといえるでしょう。

まずは一人でもカウンセリングに行くこと

もちろん初めから夫婦で来られればよいのですが、普通なかなかそうはいきません。そんなときはとにかく一人でも行くことです。

パートナーはどうしていっしょに行こうとしないのでしょうか。自分のことを他人に話されるのが嫌だからです。自分に問題があるから、カウンセリングに行くのだと思うからです。実際、カウンセリングに行こうとする人は、自分は悪くなくて、相手が悪いと思っていることがほとんどです。

多くの場合、まず来られるのは女性のほうです。夫に内緒で来られることが少なくありません。夫婦の問題と思っていても、妻の内面の問題であることもあります。カウンセリングの中で、だんだんと本当の問題の核心が明らかになったり、問題自身それほど大きいものではなく、十分に対応できることがわかったり、話しているうちにすっきりして、頑張る力が出てくる場合など数回で面接が修了することもあります。

それでも問題が深刻な場合には、やはり夫婦のカウンセリングが必要になります。

夫に参加してもらうためには、妻の努力が不可欠です。夫婦関係が硬直しワンパターンになっていれば、小さな努力でも相手に何かが伝わります。夫にぜひ行ってほしいと頼むときでも、「あなたが変わらないと、問題は解決しないから、カウンセリングに行って！」などというように、責任をなすりつける言い方は避けなければなりません。「家族、夫婦の問題だから、家族、夫婦の成長のためにカウンセリングにいっしょに行くことで助けてほしい」というお願いの方法がよいかもしれません。

二人で参加する夫婦カウンセリング

夫婦で来た場合には、通常の時間よりも長いカウンセリングの時間が必要でしょう。

二人が来る場合は、だいたいにおいて、どちらかが消極的でしょう。どうして自分がここに来なければならないのかという態度の方が多いようです。自分は悪くないのに、パートナーがどうしても来てほしいと言うので、嫌々来たという感じです。そのような方に対しては、ここに来てくれたというその努力を最大限評価します。

夫婦のカウンセリング

夫婦のカウンセリングは一対一の個人カウンセリングと違い、家族療法の形を取ります。カウンセラーは夫か妻のどちらかの味方になるのではなく、できるだけ中立の立場に立ちます。カップルのそれぞれが同じように自分のことを話すことができるように、促進係、進行係のようになります。パートナーが話しているときには、途中でそれを遮ったり、反論したりしないで、最後まで聴くように導きます。また、話を聴いていて、よくわからないときには説明を求めます。そのあとに、相手も問題に感じているところを話してもらいます。

こうした話し合いが二人の間でできていれば、問題が複雑化することはなかったでしょう。しかし、ここに来るような事態になったのは、お互いに話を聴くことができなくなっていたからです。

自分のこと、自分の気持ちを正直に話し、相手の話に誠実に耳を傾けることの訓練をカウンセリングの場で行い、次に自分たちだけでも、話すこと、聴くことができるようになることを目標とします。それができるようになると、夫婦の問題を二人で解決する大きな一歩となります。

まず互いに何が問題かを話してもらう

興味深いことに、それぞれが問題と思っていることが違うことが少なくありません。同じ問題であっても、その受けとめ方、感じ方が異なっています。二人の問題のとらえ方が違うために、同時に話すと喧嘩にもなるわけです。ですから、お互いに相手の言っていることをよく聴く、感じていることをそのまま聴くことをするのです。こうすることで、互いに話し合える余地があるという希望を与えることになります。

犯人捜しするのでなく、夫婦の成長の時と考える

夫婦で来ても、互いに相手がどんなに間違っているかを訴えようとすることもあるでしょう。カウンセラーには自分の味方になってほしいと訴えてくるでしょう。しかし、ここで相手を非難しても問題は解決しません。だれが悪いかということを話し合うのでなく、この問題は夫婦の成長のために与えられたものであると考えるように導きます。夫婦関係はそもそも、愛によって成長するように神が与えてくださったものです。草花に水やりが必要なように、愛情を注がれないと衰退していきます。夫婦関係は、成長するか衰退するかのどちらかなのです。

結婚の動機に戻る

結婚する時は、二人は確かに愛し合っていました。「健康な時も病気の時も変わらずに愛します」という誓いをしました。しかし残念なことに、今、そのようにできなくなってしまいました。そこで、結婚した時の動機に戻るようにします。どうしてこの人と結婚をしたのか。その時の動機は何だったのかを考えます。もしもそれが相手をしあわせにしたいというものであれば、もう一度そこに立ち返ります。結婚の動機が自分中心なものであったり、あまりよく考えずにただ好きになったからというものであったりするとすれば、結婚生活を続ける力が欠けてきます。その場合はとても難しいのですが、神から与えられたパートナーを改めて受け入れ、赦し、愛する決心をするようにお助けします。そして、これからどういう動機で結婚を続けるかを考えてもらいます。

夫婦の力、家族の力を用いる

カウンセリングに来られるまでに、問題や葛藤に何度か直面したはずです。その時には、どのように解決したでしょうか。それをお尋ねします。過去に問題を解決したときの経験を思い出すことで、力を得ることができます。「結婚前カウンセリング」の話です。結婚するまでにも様々な問題にぶつかったりしたでしょう。結婚する前は、互いに好きという感情があるので、二人で努力します。「結婚前カウンセリング」では、二人で乗り越えたその経験を分かち合ってもらいます。この作業をしておくことで、結婚してから問題にぶつかっても、解決した経験を思い出し、二人で努力することができます。そのためにも、結婚前はとても大切なのです。

子どもがいれば、その子たちの力も夫婦に良い影響を与えます。子どもは、夫婦二人の子どもです。夫婦は血が繋がっていませんが、子どもは血が繋がっており、どんな親であろうと、世界で一人しかない父と母なのです。

家族療法の考えの中に、家族の成長のために子どもが問題を起こすという理論があります。問題は子ども個人のものではなく、家族全体のものととらえます。子どもが不登校になる、非行に走る、病気になる、それらを通して夫婦がこれまでにない対応を取らなければならなくなり、お互い配慮するようになります。子どもの問題を通して夫婦が助け合う状況に置かれるのです。そのことが夫婦の成長につながっていきます。ですから、子どもの問題は家族の成長ためには、なくてはならないものとなるのです。

ところが、子どもの問題がすべて家族の成長に繫がっているかというと、必ずしもそうではありません。それを通して互いに責任のなすり合いをしたりして、夫婦の関係が悪化することも少なくありません。そのためにもカウンセリングが有効なのです。

子どもが問題を起こしたときには、家族の関係、コミュニケーションがおかしくなっていると言えます。そこで、弱い子どもがその問題を映していることもあるのです。夫婦の関係、親と子の関係を見直す時です。いつのまにか、子どもが夫、妻の代わりになってしまっている、子どもが親代わりをしていることが起こりうるのです。

原則は夫婦連合です。夫婦が連合して子どもの問題に向き合うことです。このことは違う見方をすると、問題が夫婦の関係を正常化し、さらに成長に導くということです。おもしろいことに、子どもが不登校になることで、それまで夫婦の関係が希薄だったのが、二人が力を合わせて問題と向き合うのです。ところが、問題が過ぎ去ると、夫婦の関係が再び元の状態に戻ってしまうことがあります。そんな時、その子がまた問題を起こす、あるいは、次の子が、ということがよく起こります。夫婦の関係が再び希薄になってしまったため、夫婦の問題が根本的に解決していないため、そうなるのです。子どもが問題を起こしているときには夫婦が努力をして、関係がうまくいっているので、その問題がその家族に必要となっているように見えるのです。

それぞれの親との関係を見直す

結婚とは、「父母を離れ、ふたりは一体となる」と聖書にあるとおり、親から自立することです。しかし、結婚したからといって、簡単に親から離れられるわけではありません。夫は妻に「母」を要求し、妻は夫に「父」を求めます。自分と親との関係が良いものであれば、結婚してからもその良い関係は維持され、親を尊敬し、両親の良好な関係が自分たちの将来の姿として受け入れられるでしょう。しかし、親との関係が歪んでいたり、親の愛が偏っていたり、親の愛を十分に受けずに育ったりすると、それらを自分たち夫婦の関係の中に引きずってしまうこともあります。パートナーに怒っているのは、自分の親への怒りであったりすることがあります。親との関係に安定性を欠いていて落ち着きがないことが、自分のパートナーに対しても同じようになることがあるのです。

親はだれも、そして私たち自身も不完全な者です。完全な者など一人もいません。とはいっても、不器用ながらも子どもたちを神から与えられた大切な存在として愛していくことは、私たちの重要な務めです。けれども私たちの親、そして親の親が不安定であった場合に、その子、そして孫である私たちにその不安定さが伝わってくることが少なからずあります。

過去には戻れません。親に対して、もう一度良い親になって、やり直してほしいと言うことはできません。そうしたなか、親の成育状況を知ることで、親を少し受け入れることができるようになります。また、自分に子どもが与えられて、その子を育てるなかで、不思議なことに自分を受け入れられるようになることもあります。子どもを抱き、愛することで、自分を受け入れ、大切にすることになるのです。

カウンセリングは、こうした親との関係を見直す機会となるのです。

私メッセージを使うようにする

夫婦問題は夫婦のコミュニケーションと関係しています。伝えたいことがなかなか伝わらなくて誤解が生じたり、言い方によって傷つき、いらぬ争いになってしまったりします。夫婦喧嘩は最初は小さなことで始まります。しかし、それがだんだんと大きくなって、そのうちに何が問題だったかわからなくなることが多いのです。

この夫婦のコミュニケーションを円滑にするのに有効なのが「私メッセージ」です。私たちは、「あなたメッセージ」を多く使っています。「あなたはどうしてそんな言い方しかできないの！」などと。聞いているほうは、まず「あなたは」でひっかかります。また、お決まりの小言・命令・禁止・お説教が始まる、と警戒します。そして、うんざりします。話し方が悪いんだ、と過去の経験がよみがえり、爆発したくなります。話し手のほうは、ただ思っていることを伝えたいだけで、喧嘩をしようなどとは思っていません。これに対して、「私メッセージ」は内容と思いを伝えることができます。例を挙げてみましょう。

妻「あなた、洗濯物はそこに置かないで」を「洗濯物はこちらに置いてくださると、私、助かります」に。妻「遅くなる時、どうして電話してくれないの」を「私が心配だから、遅くなる時は電話をしてくれると安心だわ」に。

夫「おまえ、子どもをそんなふうに叱るなよ」を「子どもの叱り方、もう少し違うほうがいいと、ぼくは思うんだけど」に。夫「おまえは、いつもどうして遅いんだ」を「きょう、ぼくは急ぐんだ。早くしてくれると助かるな」に。

思い当たる点はありませんか。

この「私メッセージ」を使うのは、そう簡単ではありません。夫婦喧嘩になったときには、これを使う余裕はなかなかありません。カウンセリングに来た方々には、「私メッセージ」を説明して、お互いにどのような会話をしているかを振り返ってもらいます。夫婦喧嘩は、だいたいパターン化しています。何かを言って、どちらかが激怒する。それに対する反応もパターン化しています。その繰り返しです。そのことを発見して、話し方、伝え方を変えていくのです。

夫婦が長くいっしょにいる間に、いつのまにか、相手の傷つく言葉を身につけてしまいます。普通に話しても相手が聞いてくれないので、インパクトを与える言葉を使うようになるからです。どうしてその言葉に強く反応するのか、具体的に何に反応しているのかを共に考えます。その言葉を使えばパートナーが怒るとわかったなら、違う言葉に変えることです。

「私メッセージ」ではない私メッセージにならないように

「俺は怒ってるんだ」、「私は悲しい」、「俺は腹が立っている」、「私は傷ついた」というのは、ここで述べている「私メッセージ」ではありません。それはただ、自分の感情をそのまま表しているにすぎません。通常のコミュニケーションでは、このような言葉を聞いた人は困ってしまいます。その言葉の背後にあるものが無意識的に伝えられているからです。否定的なメッセージが伝えられているのです。「君はなんてバカなの」、「あなたと結婚したことを後悔しているわ」、「君にはもう我慢できない」、「あなたとはいっしょにいたくない」等。それを聞いた人は、どう反応したらよいかわからなくなります。

「私メッセージ」は、自分の感情を伝えるのではなく、自分のしてほしいことを自分の言葉で伝えることです。「あなたメッセージ」は、パートナーに命令したり禁止したりするものですが、「私メッセージ」は、パートナーに伝えて、あとはパートナーに任せることです。相手がするかもしれないし、しないかもしれない、とにかくこちらが自分の願いを伝えるのです。聞いた人はその情報を聞いて、自分で判断して行動することになります。ですから、しかたなくする、強いられてすることにはなりません。自発的に行われます。自立した夫婦の関係は、強いられたり命令されたりするものではなく、愛の協力と尊敬をもった自発的なものです。

新約聖書エペソ人への手紙五章では、夫と妻の関係がキリストと教会にたとえられています。そこには、愛による犠牲、尊敬による従順があります。

そういうわけで、夫婦のコミュニケーションを見直し改善することです。

現代の諸問題

具体的な問題を取り上げて、カウンセリングの方法を考えてみましょう。

1　DV（ドメスティック・バイオレンス）

現在、虐待の問題が増えてきました。その相談機関も各市町村に設置されています。私のところに来られる女性の訴えで、その多くがDVです。蹴られた、物を投げられた、無視された等です。相談機関に行くと、まず離婚を勧められます。虐待を受けると、確かに肉体的・精神的ダメージが強く、コミュニケーションができない状況になります。そのことが日常化されれば、健全な結婚生活が営まれることは困難です。それで、離婚して、それぞれ新しい歩みをすることが二人のために考えられます。虐待が激しくて、法的な手段が必要なときには、住んでいる所から退避して、肉体的・精神的に守ることを考えなければなりません。

けれども私のところに来られる方のお話を聞いていると、確かに暴力があったり無視されたりすることはあるのですが、それは、コミュニケーションが取れなくなって、つい手が出る、そこにある物を投げる、無視するということが少なくないということです。ですから、早急にＤＶの問題として扱うのではなく、まず夫婦のコミュニケーションのこととして考えるようにしています。もしも、その後に夫婦でカウンセリングに来ることができれば、コミュニケーションの問題として解決することもできますから。

ＤＶの被害者は女性ばかりではありません、男性も被害を受けるケースがあります。そのことも忘れないようにしなければなりません。

まず、どのような時に暴力がふるわれるのかを聞く

夫婦の喧嘩はパターン化しているものです。その過程を考えます。だいたい、これを言えば相手が爆発するだろうということが予測できます。暴力をふるう側も、これを言ったら爆発するぞという自分のうちにスイッチのようなものを持っています。いつのまにか法則のようなものができているのです。それを明確化することです。

暴力がふるわれないようにする

そこで、このパターンをなくすのです。

暴力がふるわれるのは、相手に訴えたいことが伝わらなくて、自分のうちにある感情をコントロールできないときです。暴力をふるわれた者の傷は、加害者が考えている以上に大きいものですが、暴力をふるった加害者の側も、相手を傷つけたということで悩んでいます。それぞれ心の傷が残っています。このように暴力は決して良いものではありません。

暴力がふるわれようとするときには、受ける前にまずそこから逃げることです。そして、暴力を出す側は、これまで感情を抑えられなくて、暴力となって現れたことを、違う方法に換えるようにすることです。それこそ、おばあちゃんの知恵袋です。私の母が結婚したときに、母のおばあちゃんが言ってくれたそうです。「怒った時、喧嘩になりそうになったら、台所に行って水を一口飲みなさい。」こんなことで虐待が解決するわけではありませんが、喧嘩のパターンを換える一つの方法になるでしょう。暴力ではなく、水を飲みましょう。

暴力をふるっているときには、興奮状態にあります。興奮していれば、呼吸が浅く早くなっていることが多いでしょう。リラックスする一番手っ取り早い方法は、深呼吸をすることです。私のカウンセリングの場でも呼吸の仕方を教えることがあります。

コミュニケーションの改善をする

コミュニケーションの仕方は家族関係を反映しています。対等な関係で話ができないので、暴力に出たり無視する反応となったりします。

まず、人間関係の最初である親との関係、コミュニケーションの仕方を顧みます。そこにあった弱さ・偏りを考えます。お子さんがいる場合は、自分にされたことをその子にもしている可能性があります。そのコミュニケーションの仕方しか知らないために、それが普通だと思っているかもしれません。そうではないことをカウンセリングの中で発見していくのです。

2　不倫の問題

現在、ネットの時代になり、いろいろなところに繋がることができます。それに伴って、多くの誘惑があります。一昔前は、不倫は男性の問題でした。けれども現在は女性の問題にもなりました。ネットで、職場で、サークルで……。それぞれが携帯電話やスマートフォンを持つ時代なので、パートナーに知られずに簡単に連絡を取り合える状況です。不倫によって夫婦の大切な絆が弱くなり、大切な関係にヒビが入り、発覚したときにはパートナーの心はどんなに傷つくことでしょうか。

紀元前八〇〇年くらいの様子が箴言七章に出ています。若者の話です。彼が女の家のほうへ歩いて行きました。そこには、夫が旅に出てひとり留守番をしている女性がいました。「彼は、女の家への曲がり角近くの街路を通って、その家に至る道を進んで行った」（八節）。箴言の著者は、「彼女の道に、心がそれて行ってはならない。その通り道に迷い込んではならない」（二五節）と諭しています。

今も三千年前も同じです。ここに「心がそれて」とありますが、結婚関係以外に性的な関係を持つことは、ただ性欲だけの問題ではなく、心の問題でもあります。自分と親との関係、これまで抑えつけられてきたこと、我慢してきたことからの解放、自分の男性性・女性性を現したいという願望、これまでできなかったことをやり直したいという飛躍……。ですから、迷っているところを整理することが必要です。

状況を把握する

不倫の問題は、一回の過ちだったのか、常習的なことなのか。特定の人となのか、不特定の人となのか、まだ続いているのか、終わっているのか。相手が不倫だと認めているのか、誤解だと言っているのか。ごまかしているのか。発覚して相手が悪いと認めているのか。すでに終わっていて謝罪をしたのか。本人が結婚を続けたいのか。離婚に向かっているのか。

不倫に至っていないが、非常に仲がよく、時々つきあっている、パートナーに隠して連絡を取り合っていれば、その異性とはパートナー以上に信頼を寄せていることになって、不倫と同様にパートナーは傷つきます。

しっかりと自分の傷を話す、しっかりと聞き、きちんと謝る

傷つけられたほうは、自分の心の痛みをはっきりと伝えなければなりません。何が傷ついたのか、その時の気持ちはどうだったのか。今どう感じているのか。傷をしっかりと話すことです。

傷つけたほうは、しっかりと話を聴くこと、相手に与えた傷がどれほどのものかを認める必要があります。そして、きちんと謝罪することです。傷つけたほうにも言い分があるでしょう。けれども、相手の気持ちを聴くこと、自分のしたことを悪いことだったと認めることが大切です。

どのようにしてこのことが起きたのかを反省する

どうしてそうなったのか、夫婦には隙間があったはずです。二人の関係がマンネリ化していたのかもしれません。仕事に忙しくなり、夫婦の会話が少なくなっていたのかもしれません。傷つけたほうは、それを相手の責任にしないで、これからはそのような道に進まないと説明することが必要です。たとえば、不倫の相手から連絡があっても、もう返事をしない、すぐにパートナーに報告する、遅くなるときには電話をする。異性とは二人きりにならない等。

夫婦の誓いをやり直す時、夫婦の成長の時と考える

不倫に対して不倫で仕返しをするというのは、もってのほかです。絶対に避けるべきです。一方が不倫をしたならば、結婚の誓いが破られたことになります。神の前にこの男性または女性を生涯、他の異性とは関係を持たずに、愛し続けるという誓いをしたはずです。

誓いを破ってしまったとはいえ、神が与えてくださったパートナーです。できる限りのことをして、結婚をもう一度やり直すことです。もう一度誓いをやり直すのです。

傷つけたほうは、自分の間違いを認め、後悔していることを伝え、赦しを求めます。そして、傷つけられたほうはその謝罪を受け入れ、赦すことです。とはいえ、これはたやすいことではありません。不倫をされた相手は裏切られたと深く傷ついています。信頼関係が根本から揺さぶられています。誠実に自分の失敗を認めて、謝罪をする必要があります。

ところが、この謝罪も難しいのです。相手は、その謝罪の言葉や態度や話し方の一つ一つにひっかかりを覚えてしまいます。また、口では赦すと言えても、心ではなかなか赦せないものです。記憶にも残ってしまいます。この不真実を乗り越え、新たな親密さの構築が必要ですが、それにはどうしても時間がかかります。

以上のような話し合いは、二人だけではなかなか難しいのです。裏切られたという思いが、何を聞いても受け入れることを難しくしてしまいます。気が動転して感情を抑えきれないこともあるでしょう。

この話し合い、もう一度やり直すという作業をスタートすることをお手伝いするのがカウンセリングです。傷ついた者がはっきりと自分の傷ついたこと、裏切られたことと、悲しかったことを伝え、相手はそれをしっかりと聴く。そして、真実に謝罪し、赦しを求め、結婚を続けてほしいと願うことです。不倫をされた者も、それでも不安に思ってしまうこと、どうしても信頼できない自分がいることを伝えることです。傷つけたほうは、そうしたのは自分の責任であると認めることです。そうやって、少しずつやり直すようにするのです。

このことができれば、夫婦はこれまでにない強い絆をつくり、他の夫婦ができない試練を乗り越え、成長した関係に向かっていけるでしょう。カウンセリングでは、その希望を二人にしっかりと伝えていきます。

3 中年期の問題

不倫の問題を書きましたが、実はこれは中年期の問題にもつながります。この中年期に不倫の件数が一番多いのです。そして、うつになる人、犯罪に走る人が多いのも特徴です。不思議なことに、四十九歳の凶悪犯罪が非常に多いとも言われます。

私は四十九歳を始終臭《しじゅうくさ》い年と呼んでいます。

危険な四十九歳──第二の思春期

心理専門家は次のように言っています。「五十歳前後はストレスへの耐性度が弱くなる時期だが、逆に職場や家庭での責任は増し、精神的に負担が大きくなる時期で、ストレス耐性度が小さくなったところに、それを上回る負荷がかかり、キレてしまう」、「それまでのストレスに過剰に適応してきたために神経中枢が疲労してバランスを崩しやすい」。

このように四十九歳は思春期と同じようにキレやすい年代なのです。住宅ローンの返済がピークを迎え、教育費の負担も増え、職場では勝ち組、負け組と呼ばれるようになります。五十歳以前は昇進、出世のために可能性を夢見て頑張ってきます。しかし、五十歳になってみると、これまで現実的でなかった六十歳の定年が先に見えてきます。子どもの教育、そして、親の老後のことも考えなければならない時期になり、将来への不安が増大します。

体で受けとめないように注意する

このような重圧に対して無意識のうちに病気になれば休めるというふうに、体が反応します。そして、どこか調子が悪くなります。うつという症状を示すかもしれません。これまでの価値観、生活スタイルを見直す時です。

婚外に逃げない

このような精神的に弱くなるときに、誘惑にも弱くなります。夫婦関係が停滞しているときに、もう一度トキメキを感じる時を持ちたいと思ってしまうのです。自分ができなかったことをやってみたいと、最後のあがきをしようとする場合もあります。

新しい価値観に目覚める時期

夫婦生活は、二十代は体力的な時代、三十代は知的な時代、四十代以降は霊的な時代といわれます。それぞれの時代に満足していたことが次第にもの足りなくなります。それと同時に、新たな世界の発見があります。

これまでの人生で何を大切にしてきたか。あまりにも仕事中心になっていなかったか。家族のこと、夫婦の関係をなおざりにしてこなかったか。これからは何を大切にしていくべきか。

この難しい四十九歳を夫婦がお互いにいたわり合いながら乗り越え、関係を改善し、夫婦の幸いな新たな段階に入る時期だと考える時にします。

4 セックスレスの問題

神は、私たちの結婚を豊かにするために性の交わりを下さいました。友情とは違い、夫婦は一体となること、肌の触れ合いを求めます。夫婦の親密さはこの性の交わりによって深められます。しかし、性の交わりは手段であって目的ではありません。夫婦の親密さの表現であり、親密になるための方法の一つです。

肉体的な問題なのかを判断する

女性にも男性にも更年期があります。肉体的、ホルモンの変化を経験します。年齢とともに性の交わりの頻度が少なくなっていきます。仕事量の多い男性は、家に帰るときには疲れ切っています。女性も、子どもが小さい時には、育児に追われて疲れているでしょう。何か病気があるかもしれません。純粋に肉体的な問題なのか、精神的な問題なのかを判断することです。もし器官的な問題ならば、専門家に行くように勧めます。

親密さの問題

セックスレスの問題を訴えられる方には、そのことで私はカウンセリングをしません。親密な関係であるかどうかということでカウンセリングを行います。

米国の性教育の専門家の調査によると、しあわせであると思っている夫婦は、そのしあわせ感の中で良い性生活の割合は一五～二〇％だということです。一方、不幸だと思っている夫婦は、自分たちの問題の五〇～七〇％は性生活だと言っているとのことです。つまり、夫婦生活に満足しているカップルにとってセックスは多くの喜びの一つにすぎないのですが、悩めるカップルはセックスこそがトラブルの原因だと考えているのです（スー・ジョンソン『私をギュッと抱きしめて――愛を取り戻す七つの会話』金剛出版、二〇一四年）。

人は生まれたときからお母さんに抱かれ、撫でられて、成長します。そして、大人になってもスキンシップを求めています。結婚の中で夫婦はお互いに触れ合うことができます。親密であれば、肉体の接触を求めます。しかし、恐れや不安があれば接触は快感にはなりません。強要は喜びにはつながりません。かえって不快になります。苦しみにもなります。

夫婦の親密性はその年月に応じて、様々な人生の荒海を二人で乗り越え、深められていきます。そうして得られた親密性からくる性の交わりによって、さらに喜びと満足感が得られていきます。スー・ジョンソンは「共鳴するセックス」という言葉を使っています。違う人格でありながら、二人が呼応し、共振しているのです。それは心と体がお互いに満たされ、結び合い、情緒的に安定している状態です。

しかし、親密な関係である夫婦がいつも共鳴するセックスができるかというと、必ずしもそうではないでしょう。不完全な人間は寒い日のハリネズミのように、近づいて暖まろうとしても、お互いの針によって傷つけ合ってしまうというジレンマを経験するでしょう。寒いので近づき、針のため離れ、離れても寒さのためにまた近づこうとします。セックスもお互いに求める思いが一致していればよいのですが、一方がその気持ちになれないときには、自分の思いとは別に仕方なく相手に合わせるということもあるでしょう。

親密な夫婦となるために、自分をパートナーに与えること、パートナーを自分のうちに迎え入れること、そのために、お互いを全人格的にさらに知っていくことが求められます。それは知的・情緒的・肉体的に知ることです。それが夫婦の成長につながっていきます。

最後に二つのお勧め

二人で先を見ること

夫婦二人がどこを見ているか、どこに向かっているかが大切です。婚約時代には、二人は見つめ合っていたはずです。コーヒーショップに入っても、レストランに入っても見ているのは、相手の目でした。ですから、レストランでカップルを見ると、結婚前のカップルなのか、結婚した夫婦かはすぐにわかります。

結婚をすると見つめ合うことが少なくなります。レストランでも、それぞれが外の景色や周りの人に目をやることが多くなります。しかし大事なことは、二人で同じ方向を見ることです。問題を抱えている夫婦は、お互いの目を見るのではなく、相手の欠点、間違い、行動、性格に目を向けます。そして、お互いに批判し合うようになります。さらにお互いの過去を掘り返し、それをつきつけます。かつては見つめ合っていた二人が、どちらが悪いのかにらみ合うようになります。

カウンセリングでも、お互いに過去のことを持ち出します。確かに、問題点を出し合い、お互いに感じていることを伝え合うことからカウンセリングは始まります。カップルによっては、お互いに赦すことができず、結婚したことを後悔しています。見ているのは、お互いに自分に対して誠実ではなかったパートナーの態度です。けれども、それでは先に進みません。

お互いに理解し合い、赦し合い、そして、二人の未来を見ることです。二人の先を見るのです。過去ばかりを見ていると、過去に縛られてしまいます。

その夫婦がカウンセリングに来て、お互いに自分の話をします。そして、パートナーはそれをしっかりと聴く、理解できなくても理解する努力をする、相手を許す。これは「赦す」ではなく、「許す」です。自分が正しく、相手が間違っていると思っていますが、そう言っているパートナーの考え、言葉をこちらがさばかないで、その考えを持っていること自体を許すのです。さらに、自分がそれで傷つけられたなら、次に「赦す」のです。それをしなければ先に進むことができません。夫婦はどんな家庭にしたいのか、どのような結婚にしたいのか、パートナーをそのまま受け入れるということを許し、パートナーによって傷つけられたことを赦すのです。

新約聖書コロサイ人への手紙三章一三節、「互いに忍耐し合い、だれかがほかの人に不満を抱いたとしても、互いに赦し合いなさい。主があなたがたを赦してくださったように、あなたがたもそうしなさい」を、まさに夫婦の中で実践するのです。

婚約時代、新婚時代に戻ってデートをしましょう。今さら話すことなどないと言われるかもしれません。けれども、婚約時代は二人でカフェでお茶を飲んだでしょう。そのようにして、もう一度デートをするのです。

私たち夫婦はミーティングをしようと誘います。お茶を飲むだけなら、すぐにお茶を飲んで終わりになります。ミーティングはお互いに向かい合って、順番に話をします。この一か月にあったこと、お互いにスケジュールの確認。子どものこと、親のこと、趣味のこと。家事のこと、誕生日の希望……。きちんと向き合うと、話すことはたくさんあります。ミーティングは相手を非難したり、追いつめたりする場ではありません。

いわば社員二人だけの会社のミーティングといったところでしょうか。この場合、社長も上司もいません。夫婦の社員二人だけです。だから話し合いが必要なのです。二人の一か月の活動報告、経営方針、子ども教育、親の介護、家計の現状報告、出費予定、二人の健康管理、休暇の計画申請……。ミーティングですから、お互いに話をして、お互いに聞かなければなりません。そして、合意を得るのです。

最近のカフェは、若い人が多く集まる所、中高年が中心で集まる所など、集まりやすいように様々な工夫がなされています。そこではコーヒーを飲むためだけでなく、コーヒーを飲みながら話もするために人々が入っています。ミーティングというと、堅い印象を持つかもしれません。おしゃべりを楽しむことです。これまで会話を楽しむことがなかった仕事人間たちは、「おしゃべりをしましょう」と言うと、躊躇します。しかし、「ミーティングです」と言うと、動きやすいようです。

結婚は神からの賜物であるだけではなく、神からの召しでもある

ヘンリ・ナウエンが、『希望の種』（*Seeds of Hope*）という本の中で次のようなことを言っています。結婚は、二人がお互いに引き寄せられて結婚したというよりは、二人が神の愛の証人となるように神が召したものだ、と（『結婚生活のセカンドハーフ』いのちのことば社、二一四頁を参照）。結婚の神秘は、夫婦が愛し合って、そこに神を見いだすというものではなく、神が夫と妻を非常に愛したので、お互いが神の臨在の中に生きることができたということを証しする者となるように召されるということです。

私たち人間は欠点のある者であり、問題が起こると、つい、この結婚は間違いだったのではないかと後悔したり、こんなはずではなかったと失望したりしてしまいます。

ところが結婚を神の側から見ると、それは神からの召しであるということです。神の愛の中に私たちを導き、大きな目的を持ったものです。

結婚は神からの賜物です。それは神からの良い贈りものです。しかし実際のところ、問題の渦中にあれば、良い賜物とは思えない時もあるでしょう。結婚が賜物であるという考えだけでは、結婚生活を続けるのには弱いかもしれません。もう一つのとらえ方、それが「神の召し」です。たとい欠点があったとしても、このパートナーを愛して家庭をつくることが神に喜ばれることであり、そのためにこそ神が召しておられるのです。欠けのあるパートナーを批判することから、パートナーを愛し、不完全な夫婦の中に神の愛を現していくという使命が与えられていることを信じていくのです。

あとがき

私たち夫婦の場合

牧師になる前に、研修期間がありました。研修教会の牧師に頼まれて若い夫婦を訪問しました。ご主人がまだ学生で、奥さんが働いていました。

ご主人と聖書の学びをしている時に、奥さんが帰って来ました。彼は私に言いました。「うちの妻の作るカレーは本当においしいんですよ。食べていってください。」おいしいカレーと聞いて、どんなカレーかと思い、遠慮なくご馳走になることにしました。ところが、それはごく普通の、私たちが作るカレーと同じでした。スープもコンソメにタマネギをきざんだだけの簡単なものでした。夫は「おいしい、おいしい」と食べていました。彼の薦めるカレーを共にいただくことができて、なぜか心温まる思いで帰ったことを思い出します。

その夫婦は若くして結婚しましたが、この夫の態度があれば、しあわせなカップルになるだろうなあと思いました。

さて、私たち夫婦の場合はどうかというと……あまりに性格が違う組み合わせです。私はせっかち、妻はのんびり、理系と文系、センス、趣味すべてにわたって違います。結婚前に付き合っている時には、あまりに違うので、互いにそこに引かれました。ところが、結婚してからが大変でした。つまり、何をしても歯車が合わないのです。

私の育った家族は、感情を表現します。スキンシップも多くありました。しかし、妻の家族はあまり感情を表しません。スキンシップも多いほうではありません。ですから、夫婦喧嘩になると私が怒鳴り、妻が黙るというパターンです。妻の両親は教師だったので、見る目が厳しいところがあります。私も牧師としてこうあるべきだという考えがあります。ですから、批判し合うことが多くありました。いつも共に奉仕をしていますから、私のほうは妻に「どうしてしないんだ、できないんだ」と責めることがありましたし、妻のほうは「あなた、それでも牧師さん⁉」と責めてきます。

しかし、幸いお互いに変えられてきています。感情を洪水のように出すことをしないように、喧嘩にならないように工夫できるようになりました。互いを認め合い、評価するべきところを評価するようになりました。助け合い、協力して作り上げるようにしています。これまで大きな壁にぶつかった時でも、どちらかの不思議なユーモアの力でそれを乗り越えることができました。お互いの違いがこれまで争いの原因にもなってきました。けれども、いつのまにか、お互いの違いに興味をもつようになってきているのです。結婚生活の中でそれぞれが成長し、磨かれているものが現れてきているのです。

考え方も変えられています。これまで二人で二人前のことは当然と考えていました。しかし、不完全な私たちですから、二人で一人分できればいいと考えるようになってきています。そうすると責め合うのではなく、助け合おうという考えになります。年ごとに私たちの夫婦の絆は強くなり、より幸福度は高くなってきていると思います。

どうして幸福度が高くなったか

それは、私に神さまが牧師という職業を与えてくださったからです。牧師とは、人々に聖書の大切なみことばをお伝えする職業です。自分が教えられ、感動していなければ、話ができません。また、言っていることとやっていることが違っていては、自己矛盾を起こします。毎日、聖書のみことばに従って生活しようとします。ですから、もし夫婦喧嘩をしていたら、それをそのままにしておけないのです。喧嘩をしている最中に、「互いに愛し合いましょう」、「謙遜になりましょう」などとは言えませんから。ですから、早く和解しようとします。間違っていたところは謝るようにします。愛を実践しようとします。ときどき、「主人ともう三か月、話をしていません」という方がおられますが、私たち夫婦は一日喧嘩になっても、二日は続けることができません。それが私たち夫婦をまがりなりにも支えてきた理由の一つです。依頼されて夫婦セミナーをすることがありますが、その中で夫婦の幸福度をチェックしてもらいます。必ずと言ってよいほど高い幸福度を出すのは、牧師と牧師夫人です。私たちはそのような状況に置かれているので、自然と小さな努力をしてきたのかもしれません。

しかし、多くの方々は、夫が仕事に出て、帰宅は夜。なかなか話し合うこと、あるいは、喧嘩する時間やエネルギーさえもないかもしれません。でも、幸福になるには、これまで書いてきたちょっとした努力がどうしても必要なのです。そのために、工夫をしてみてください。必ず効果が現れるはずです。基本的には、五つの「愛の言語」と、五つの「自分を変えること」を実践することです。

これまでとは違った輝きをかもし出す夫婦になる

さて、私たちのベッドルームには、まえがきに紹介しましたが、二つのものが飾られています。一つは、「夫婦の祈り」の額です。もう一つは、結婚式の時に撮った、縦が五〇センチもある大きな二人の写真です。

　私たちの結婚式は手作りでした。ケーキは教会の婦人会の方々が、公民館の調理室を借りて三十八個焼いてくださいました。式場は市の公民館。式の後、そこを披露宴の会場にしました。妻のウェディング・ドレスは、洋裁をしていた私の母が作りました。私のタキシードは普通の紳士服店で買った礼服でした。

　写真は知人の写真屋さんが来てくださいました。その日は天気。公民館を出たところに林があり、その前で二人の写真を撮りました。背景が緑で実にきれいなのです（普通はスタジオで背景が決まっています）。六月でしたから、まさにジューン・ブライドでした。そこで、写真屋の知人はそれがたいそう気に入って、勝手に大きくして自分のお店に飾っていました。

　それから十数年後に、私たちにプレゼントしてくれたのです。私たちの写真が十年間も写真館に飾られていることを知らなかったので、たいへん驚きました。そして、思いもよらないプレゼントに大喜びしました。

　最初はリビングに飾っていましたが、いろいろな方が家に来てくださいますから、気を遣って寝室へ移動しました。写真の姿は、いつまで経っても結婚した時と同じです。まったく変わらずに晴れの日も雨の日も曇りの日にも、朝も昼も夜も二人は輝いています。

しかし、写真を見るほうの私たちは変わりました。髪も肌も衰え、体型も変わっています。

あの時は希望に胸をふくらませて幸福感に浸っていました。今はどうかというと、当時とは違う幸福感を味わっています。それは、二人で築いてきたもの、変えられてきたものの上にある信頼感に基づくものではないかと思います。もしも今写真を撮るなら、若さとは違った輝きが映し出されたら、と願います。そこで、わかったのです。若さとは違った輝きが夫婦にはあるのだということが。

それぞれの夫婦には、その状況によってそれぞれ違った輝きがあります。その輝きを消さないためにも、年ごとの、日ごとの成長が必要です。この本をヒントにして、小さな努力で夫婦の輝きを取り戻してください。また、これまでとは違った輝きを映し出してください。

さらに、良い夫婦になっていきましょう。

増補改訂版のあとがき

増補改訂版では、夫婦カウンセリングの実際を加えることになりました。そんなに多い事例を持っているわけではありませんが、一般の本でも夫婦カウンセリングを扱っている本が多くないので紹介しようと思いました。カウンセリングには難しい状況のカップルが来られますので、カウンセリング初期においては先が見えないこと、うまくいったという手応えがないことにぶつかります。ところが、次回に二人が来られる時には、不思議に違った局面になっていることがあるのです。そこは覚悟して結婚した夫婦です。また、これまでなんとか我慢してきた夫婦です。二人の潜在的な力があるのを発見するのです。夫婦カウンセリングはそれを引き出すお手伝いをしているのでしょうか。

表紙と挿絵は、旧作に続き、ひぐちけえこさんが描いてくださいました。けえこさんは現在、青森県弘前市で活躍しておられます。ここに感謝のことばを述べておきます。

二〇一七年三月

水野　健

水野　健（みずの・けん）

石川県金沢市出身。
東京理科大学、聖書宣教会卒業後、千葉県の流山福音自由教会、福岡福音自由教会、枚方コミュニティ・チャペル牧師を経て、現在、フリーで各教会を巡回し奉仕中。講演、セミナーなどのご依頼はメールにて受付。KHF05412@nifty.com
日本カウンセリング学会会員、表千家茶道教室講師。
著書に、『増補改訂 結婚を考えている二人のために』『愛する人と自分のためのキリスト教葬儀』『キリスト教の終活・エンディングノート』『クリスチャン・エンディングノート』（以上、いのちのことば社）がある。

増補改定　夫と妻のしあわせづくり

2017年5月20日　発行
2020年4月10日　再刷

著　者　水野　健
印刷製本　日本ハイコム刷株式会社
発　行　いのちのことば社
〒164-0001 東京都中野区中野2-1-5
電話 03-5341-6922（編集）
03-5341-6920（営業）
FAX03-5341-6921
e-mail:support@wlpm.or.jp
http://www.wlpm.or.jp/

ISBN978-4-264-03593-0